Unity Breath Meditation

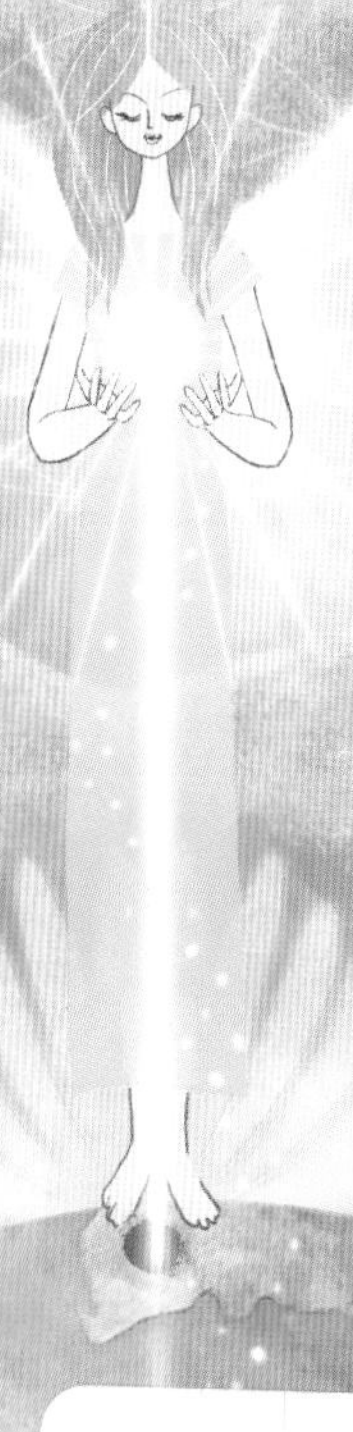

ハートのあたりに意識をおいて、
地球をイメージしてみてください。
あなたが一番大好きな、地球の自然を思い浮かべてください。
深く呼吸をしながら、子どものような無邪気な気持ちになって、
その風景の中に身体ごと入っていきましょう。
五感を使って、その場所を味わってみましょう。

いま、あなたはどんな気持ちになっていますか？

「ああ、気持ちいいな」
「もう、ずっとここにいたいな」

そんな気持ちが湧き上がってきたら、
その気持ちを少しずつ高めていきます。

「こういう場所、大好き」
「もう、愛しているんだ」

こんな愛や感謝の気持ちがあふれてきたら、
それをいま、
あなたがいる場所全体に広げていきましょう。
あふれ出た愛と感謝のバイブレーションを、
そのまま地球全体に広げて、地球を覆っていきます。

いま、あなたの手のひらの上には、
キラキラと輝く小さな光のボールが乗っています。
この小さな光のボールの中に、地球への愛と感謝を
め込んで、地球の中心へと送りましょう。

光のボールが地球の意識に届くと、
は、必ずあなたに、愛を返してくれます。
地球から愛が返ってきたら、
地球の間に流れている愛を感じてください。

母なる地球と愛でつながったまま、今度は太陽に意識を向けてみましょう。

あなたにとって、太陽はどんな存在ですか？

「いのちのエネルギーを、滋養を、ありがとう」
「私も、いつも愛しているよ」

あなたの中から、太陽への愛と感謝があふれ出てきたら、
その気持ちを、大空いっぱいに広げていきましょう。

いま、あなたの手のひらの上には、キラキラと輝く小さな光のボールが乗っています。
大空いっぱいに広げた愛と感謝を、この小さな光のボールにぎゅっと詰め込んで、
太陽の中心へと送りましょう。

光のボールが太陽の意識に届くと、太陽は必ず、あなたに愛を返してくれます。
太陽から愛が返ってきたら、あなたと太陽の間に流れている愛を感じましょう。

いまあなたは、地球とあなたの間に流れる愛、太陽とあなたの間に流れる愛、
このふたつの愛の流れの真ん中にいます。

今度は、あなた自身に意識を向けてみましょう。

あなたは、果てしなく広がる宇宙の中で、
素晴らしく輝いている、広大なスピリットです。
そんなスピリットであるあなたが、
ここで、こんなに小さな肉体をまとって、毎日がんばっています。
いま、自分自身に、愛と感謝の気持ちを感じてみましょう。

「いつも、ご苦労さん」
「ほんとうにありがとう」
「ずっと、ずっと、愛しているよ」

こんな気持ちがあふれ出てきたら、
イメージの中で、自分の前に鏡を置いて、
そこに自分自身を映し出してみてください。

愛と感謝の気持ちを、花束を差し出すように、
鏡の中の自分自身に差し出してください。
今度は、あなたが鏡の中に入っていって、
鏡の中のあなた自身を強く抱きしめましょう。
強く、つよ～く抱きしめながら、
鏡の中のあなた自身とひとつになります。

いま、あなたは、
地球、太陽、そして自分自身と、
愛でつながっています。
ここに、愛の三位一体、
愛のハーモニーが生まれ出ています。

五感や感覚、感情を使って、
このバイブレーションをあなたの内側に、
あなたの周りに感じてください。
このバイブレーションに深く浸ってみましょう。

人生の万能薬

HEART NAVI

ハート♥ナビ

横河サラ
Sarah Yokokawa

プロローグ

これは、私のところに舞い降りてきた、あなたを深く、
そしてこよなく愛している宇宙からあなたへのラブレターです。

愛しいひとよ
どうか思い出してください
私たちが離れがたく
ひとつだった時のことを

光よりも速いスピードで
一緒に虚空を駆け抜けた
あの時のことを

あなたは
私自身でもある
青く輝く小さな星へと導かれ
そこで
幻想の眠りへと落ちていきました

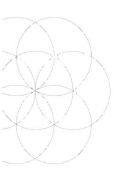

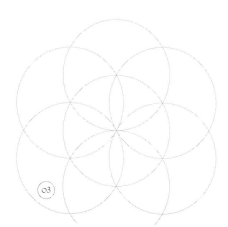

あなたは
私とのつながりをすっかり忘れてしまい
幻想に夢中になり
いまも、幻想の中に暮らしています

けれども
私はいつも
あなたを見守っています

私はずっと待っています
愛しいあなたが
ある朝、あたたかい太陽の光に目覚め
すべてを思い出す時を

愛しいひとよ
どうか思い出してください

このラブレターとともに、あなたに伝えましょう。
私が知ったハートの秘密、宇宙と愛し合う空間への帰り道を。

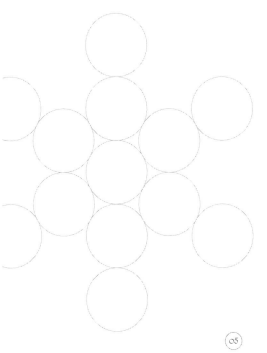

目次

第3章

ハートから自分を愛し、ハートから創造する……41

第4章

生きている愛の花「マカバ」を咲かせよう……63

第5章

第6章

付録

第1章

脳が二極性の現実を創り出す

message from Sarah 1

あなたはこの星の上で
迷子になってしまったような気持ちに
なったことはありませんか？

いったい自分は誰なのか
何でできているのか

どこからここに来て

どこへ行こうとしているのか

ほんとうの自分を思い出すことで
何があっても
変わらないよろこびと祝福にあふれて
生きていくことができるようになります

その鍵は
あなたのスピリット＝意識が
いまどこに在るのか
それを知ることからはじまります

現実がうまくいかないのはなぜ？

激しい変化の真っただ中にある地球の上で毎日を生きていくことは、ほんとうにタフなことです。

特に、あなたの意識がまだ脳の中にあって、そこから考えたり行動しようとしているのなら、それはとても大変なことかもしれません。

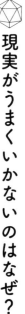

かくいう私も、以前は脳の中からがんばって生きていました。そもそも、それ以外の生き方を知らなかったのです。

脳の中で、自分にとっても、人にとっても、いいことや役に立つことをしたい、しあわせになりたい、そう願っていました。どうしたらいいのか一所懸命考えたり、学んだりして、何とか自分の力でそれを実現しようとしていました。

そうしていると、うまくいく時もあって、「よーし、がんばろう！」とはりきるのですが、しばらくすると、なぜかうまくいかなくなる。それで落ち込んだりするのですが、何とか気をとり直して、またがんばる。

「うん、今度は大丈夫、これでいこう！」とよろこんでいると、どこからともなく問題が浮上してきて、なぜかまたうまくいかなくなってしまう。

その頃の私の人生は、こんなことの繰り返しだったように思います。

そのために、うまくいっている時でも、またうまくいかなくなるんじゃないかという不安や心配が常につきまとい、１００％の安心感やしあわせな気持ちを持てなかったことを憶えています。

なぜそうなってしまうのか考える余裕もなくて、せわしなく動きまわっては、疲れ果て、何とかこのサイクルから抜け出したいと思いつつも、どうしたらいいのかわからない状態でした。

けれども、いまでは、なぜそうなってしまっていたのか、そのメカニズムがはっきりとわかります。

1万3000年ほど前、この青く美しい星にまだアトランティスという大陸があった頃、とても大きな事故がありました。

この大事故によって、この星をとりまいていたキリスト意識のグリッドが壊れ、次元間の膜に穴が空いてしまいました。

その時のショックで、人々のスピリットはハートからポンと飛び出してしまい、脳へと移動してしまったのです。

それ以来、いまだに地球上の多くの人々のスピリットは、脳の中に住み続けています。

そして、脳内から「現実」という名の幻想を創り続けているのです。

脳は右脳と左脳に分かれ、太い脳梁によって隔てられています。

脳生理学では、右脳と左脳の2領域に分けるだけではなく、4領域や6領域に分けて研究しているようです。

そして、これらの領域は、すべて合わせ鏡の状態になっているのです！

自分の顔を鏡に映すと、左側と右側がすべて逆に映し出されますよね。これがまさに、脳内で起きていることなのです。

右脳で何か素晴らしいことを創造している時、左脳はこっそり、その正反対のことを創り出しています。

たとえば、右脳で平和な世界を創造する時、同時に左脳では、その真逆の世界を創り出しているのです。


このメカニズムを知ったとき、自分の人生がなぜうまくいかないのか、その理由がストン！と音を立てて腑に落ちたように感じました。

脳から「現実」を生きている限り、いいことと、そうでないことが必ずセットになってやってくるのです！

しかも、脳の4領域や6領域はそれぞれが鏡に映し出された状態になっていますから、まるで乱反射のような非常にややこしい世界を創造してしまっています。

いま、私たちが住んでいる世界を見渡してみてください。ここはまさに、脳内で創り出した、複雑極まりない創造物の海ではないでしょうか。

そんなことを繰り返しているうちに、最初に願ったことや夢みていたことの輪郭がぼやけてしまい、いったい自分が何をしたいのか、何を創り出したいのかさえはっきりしなくなって、「えーっと、私はここでいったい何をやっているんでしょう？・」となってしまうのです。

現実とは、あなたの内なるホログラム

ところで、「現実」とは、いったい何なのでしょう？

私たちは、あまり深く考えずにこの「現実」を生きているかもしれません。

この世界に生まれ出て、「現実」へと入っていき、そこで身体を持って生きている。思ったとおりになることもあるけれど、思いどおりにならないこともたくさんある。

それは自分では変えることのできない、動かしようのないもの。

そんなふうに感じていませんか？

だとしたら、ここでとっておきの秘密を教えちゃいましょう。

いま、あなたが浸っている「現実」は、100%あなたが創り出しています。ですから、あなたは自分でこの「現実」を自在に創り変えることができます!

「え〜っ、こんな現実、創った覚えはないよ」と思うかもしれませんね。

けれども、3次元の世界ではタイムラグがありますから、ずっと前に創造したことが、すっかり忘れた頃に「現実」にやってくることが頻繁にあります。

その上、私たちは意識的に生きることを教えられていないため、無意識のうちにあれやこれや、さまざまなものを創り出してしまっています。そうやって、いつのまにか自分で創造した複雑な「現実」という海の中で、身動きがとれなくなり、溺れそうな気分になってしまったりしています。

これを映画にたとえてみましょう。

いまあなたが「現実」と感じているものは、あなた自身が創り出している映画です。

この映画の台本を書いている脚本家は、あなたです。

そして、映写機はあなたの中にあります。より正確に言うと、あなたを取り囲んでいるエネルギーの球体があり、その球体が３６０度方向に映画を映し出している映写機なのです。

そしてあなたは「現実」の中の主人公でもあります。

もし、いま観ている映画が気に入らないのであれば、あなたはいつでも脚本を書き直すことができるのです。

新たに脚本を書くにあたって一番大切なことは、「どこでその脚本を書くのか」ということです。

今までどおり、脳内の鏡の部屋で書くと、理想の脚本どおりの映画だけでなく、それとは真逆な展開になる映画も、「現実」という名の映画館で同時上映されることになります。

それでは、また同じことの繰り返しになってしまいますよね。

あなたにとって最高に素晴らしい映画だけを上映するには、どうしたらいいのでしょう？

その秘密は、ハートの中にあります。
ハートの中にある秘密の部屋に入って、そこで脚本を書くのです♡

このことについては、あとでゆっくり説明していきましょう。

私たちは、映画の脚本家であると同時に主人公でもありますから、身体や感情をフルに使って毎日を演じています。

たとえば、傷ついた気持ちや許せない感情、罪悪感、悲しみ、怒りなどがどこかのシーンに書かれていると、いつか必ずそれを身をもって演じる＝体験することになりますし、自分や他の人にとって、ツラいことや苦しいことを考えていれば、やはりそれもどこかで自分が体験することになってしまいます。

しかも、いまは地球自身がぐぐっと周波数を上げてきているため、あなたの内側にあるものが、より速く、よりストレートに、「現実」というスクリーンに映し出されるようになってきています。

私たちはいますぐにでも、自分の内側にあるものに、もっと意識的になる必要がありそうです。

不安も心配もエゴも、脳が創る

脳は、言葉、思考、論理、直線的な時間感覚などのツールを使って機能していますが、こういったものは、じつは宇宙的な尺度から見ると、かなり時間のかかるツールです。

脳は未来が知覚できないので、これらのツールを使って、過去のデータから演算し、一所懸命に未来を判断しようとします。たいていの場合、そこから引き出されてくるのは、安全、確実、保身、利益追求などだったりします。

そうなってしまうのは、脳が常に生存への不安や心配を抱えて生きているからなのですが、アトランティス時代の大事故のあと、大変な状況の中で舵取りをしなければならなかった脳としては、致し方ないことなのかもしれませんね。

とはいえ、「自分や自分の家族を守らねば」という思いが強くなりすぎると、それが「エゴ」へと形成されていってしまいます。

それにひきかえ、ハートの中では、過去・現在・未来がすべて同時に、立体的かつ曲線的に存在しています。あなたがいまここで、現在という意識のカーソルを動かすと、過去も未来も同時に動き、変化します。

宇宙ではすべてのことが同時に起きています。

そして、あなたのハートはそのことを知っています。

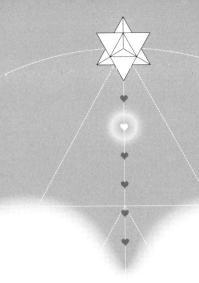

第2章

ハートにつながるグリッド、発動！

message from Sarah 1

宇宙のほとんどは
目には見えない
耳には聴こえないものでできています

あなた自身もそうです

あなたのからだは
あなたという広大な存在の
ほんの一部分でしかありません

そして、地球もそうです

地球のまわりには
「グリッド」と呼ばれている
エネルギーフィールドがあります

その中でも
「ハートにつながるグリッド」は
地球にとって
人間にとって
いま、なくてはならないものなのです

グリッドのことを話しましょう！

グリッドとは？

この惑星・地球は、「グリッド」と呼ばれる構造体が取りまいています。この星に生きる生命の〝意識〟を支えている、幾何学のかたちを持った構造体です。

地球の周囲には、無数の「意識グリッド」があります。

地球上にたった2匹しかいない虫だとしても、その虫のグリッドがあり、地球全体を包み込んでいるのです。

そうやって、グリッドは生命の意識が3次元にアクセスできるようにしていますが、同時に高次元にもつながっています。

「100匹目のサル現象」という話をご存知でしょうか？

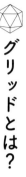

宮崎県の幸島に住む野生のニホンザルたちのうちの1匹が、お芋を食べる前に洗うことを始めました。洗うことで砂や土が落ちて、それを食べるほうがきっと美味しかったのでしょうね。

それを見ていた他のおサルさんたちも、次第にお芋を洗ってから食べるようになっていきました。

お芋を洗う島のおサルさんが少しずつ増えていき、その数が100匹目に達したとき、突然、他の島や本州に住むおサルさんたちまで、いっせいにお芋を洗い始めたのです。物理的には、お互いにコミュニケーションの方法がないのにもかかわらず、です。

100匹というのは仮の数なのだそうですが、それにしてもこのできごとから直感的にわかるのは、目には見えない「何か」が、ニホンザルたちの意識をつないでいる、ということです。

人間の世界でも、地球のこちら側と裏側で、ほぼ同時に似たような発明や発見、作曲などがなされることが、しばしばあります。

これも、目には見えない「何か」、つまり意識グリッドにアクセスすることで、共通の情報を得ているのです。


いま人間がアクセスしているグリッドは、主に3つあるといわれています。

第1レベルのグリッドは、アボリジニ（オーストラリア大陸とその周辺島の先住民）の人々をはじめ、先住民族の人々がアクセスしているグリッドです。

第2レベルのグリッドは、現代社会・産業社会のグリッドです。これは三角形と四角形をベースにした幾何学形の、非常に男性的なグリッドです。

そして、第3レベルのグリッドが、「キリスト意識のグリッド」です。

これは、かつて地球で高度文明を築いていたアトランティス時代の大事故により、崩壊されてしまいました。しかし、アセンデッドマスターと呼ばれる存在たちや、高次元存在たちの愛ある努力のおかげで再建されたグリッドです。

このグリッドは「ユニティ・コンシャスネス・グリッド」（融合された意識のグリッド）と呼ばれています。

この第3レベルのグリッドにつながることで、私たちは宇宙の進化に追いつき、次元を上昇（アセンション）していくことができるようになります。

第2レベル
～二極性のグリッド～

いまだにあなたも私も、そして世界中のほとんどの人々がアクセスしている第2レベルのグリッドは、二極性の意識、物質的な意識グリッドです。
二極性の意識とは、光と闇、上と下、善悪、あなたと私……など、すべてを分け隔てても
のごとを見ようとする意識、写し鏡になっている右脳と左脳が創り出している意識のことで
す。

長い間、世界を裏側から操ってきた人々は、かなり前からこのグリッドの存在に気がつい
ていたようです。
それは、米国や旧ソ連の軍事基地が、見事なまでにこのグリッドの交差ポイントの下に作
られていることからも見てとれます。そうやってグリッドの交差ポイントをおさえ、グリッ
ドを支配することができれば、人類の意識を思うがままにコントロールできる、ということ
なのでしょう。
彼らは私たち人類を支配したり利用したりするために、この第2レベルのグリッドを使っ
て、ありとあらゆることを試みてきました。そのために、私たちは知らないうちにマインド

コントロールされている状態になっています。

ですから、「この世に生まれた瞬間から支配とコントロールが始まっている」というのは、決して極端な話ではないのです。

1章でお伝えしたように、脳は、人間の肉体のなかで二極性を表す部位です。私たちの意識が脳にある限り、私たちはこのグリッドにつながることになってしまいます。

しあわせに平安に暮らしたいと願いながらも、いつも怖れや不安、心配などを手放せないでいる理由は、無意識のうちにこのグリッドにつながってしまっていることと深く関係しています。

2020年に起きたコロナウィルス騒ぎは、そのいい例かもしれません。

影の支配者たちはメディアを使ってコロナウィルスが怖いものであると思わせて、世界中の人々を不安に陥れ、マスク着用を強いていましたが、じつはその裏で、5Gによる人類への実験や人口削減を試みていたようなのです。

彼らは、私たちが永遠にこの第2レベルのグリッドとつながり、脳の創り出す幻想の中にとどまっていてほしいと願っているのでしょう。そうしている限り、彼らは人間を支配しながら、この物質的な世界にとどまることができるからです。

……なのですが、ここにきて、急速に状況が変わりつつあります。

とてつもなく長い間、私たち人類を支配しコントロールしてきたシステムそのものが、根底から覆されようとしているのです。

ですから、この大きく激しい変化の中で、まだ第2レベルのグリッドにつながったままでいることは、あまり賢明なことではないかもしれません。

それでは、私たちはどうしたらいいのでしょう?

その答えは、**ハートから第3レベルのグリッドとつながる**ことにあります。

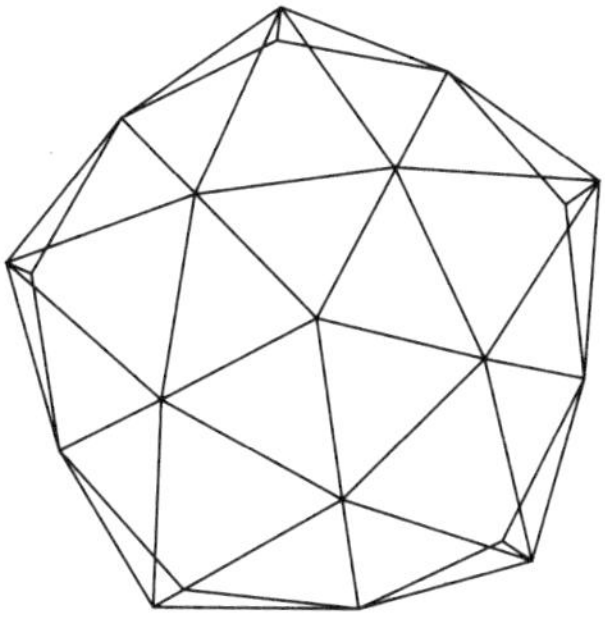

星冠正十二面体

ハートからキリスト意識のグリッドにつながる

第3レベルのグリッドは、「星冠正十二面体」と呼ばれる、正十二面体のそれぞれの五角形に冠をつけたかたちをしています。

正十二面体は、女性性を象徴している幾何学形ですが、同時にこれは最強のかたちであるといわれています。何度蹴られてもへこたれないサッカーボールが五角形のかたちを持っているのは、偶然ではないのかもしれませんね。

エジプトの大ピラミッドは、このグリッドの再建のために、トート、ラー、アララガットという高次元の存在たちによって、6次元から創りおろされました。

そのあとは人間によって、グリッドの交差ポイントの下に、聖地や寺院、神殿などが次々に造られていきました。神聖な山や湖も、交差ポイントや、グリッドから出ている螺旋《らせん》エネルギーの下に位置しています。

私のメンターであるドランヴァロ・メルキゼデク（※詳細はエピローグにて）は、一人でも多くの人が、一刻も早くスピリット（意識）を「脳からハートへ」帰還させるための方法を世界中で教えてきましたが、「キリスト意識のグリッドの再建なしには、それは不可能だった」と言います。

なぜなら、キリスト意識のグリッドにつながることで初めて、スピリット（意識）がハートに還り、二極性ではない「ワンネス」の世界を創造することが可能になるからです。このことがもつ意味は、想像を絶するほど大きなものです。

私たちは毎年の最後の月に冬至を迎えますが、２０１２年12月21日の冬至はとても特別な日でした。この日、地球の歳差運動と呼ばれる約２万６０００年のサイクルが完結し、翌22日から新しいサイクルが始まったのです。それは、男性性の時代から女性性の時代へ、二極性からワンネスの時代へとゆっくりと変遷していく分岐点でもありました。

この特別な２０１２年の冬至を通過して、太陽系も、銀河も、宇宙でさえもアセンション（次元上昇）していく「いま」という時に、二極性の意識のままだと、この宇宙全体の流れに追いつかなくなってしまうのです。

けれども、１９８９年にキリスト意識のグリッドの再建が完成し、２００８年には、まるでクリスマスツリーに飾られた電球がいっせいに光り出すように、グリッドに明かりが灯り、生きたグリッドとして起動されたことによって、ハートの「ワンネスの意識」で生きる人がいま世界中でどんどん増えています。だから、大丈夫、きっとアセンションの流れに間に合います！

ワンネスの意識とは、「自分の外側にあると感じるすべては、じつは自分自身を映し出しているホログラムである」という気づきです。

道ばたに咲いている小さな花も、木々も、鳥たちも、夜空の星々も、すべてはあなたであり、私です。

あなたは、これらすべてのものと離れがたくつながっています。

このことを言葉で説明するのはとてもむずかしいのですが、ハートの空間はまさにワンネスの意識の世界ですから、そこに意識を移動させることで、あなたはそれを体験として理解することができるようになります。

意識が脳にあるときには、世界は多種多様でバラバラに見えていたとしても、ハートからは、それらをつないでいるものがはっきりとわかるのです。

ハートからキリスト意識のグリッドにつながることで、私たちはアトランティス時代に失ってしまった、ワンネスの意識を思い出し、そこから生きることができるようになります。

自分のハートとキリスト意識のグリッドをつないで、ワンネスの意識で生きることを世界中のたくさんの人々が始めるとき、宇宙が注目するような「100匹目のお猿さん」現象が起きるのではないでしょうか。

夜空を見上げて、または静かに目を閉じて、地球のまわりを明るく取りまいているキリスト意識のグリッドを感じてみましょう。

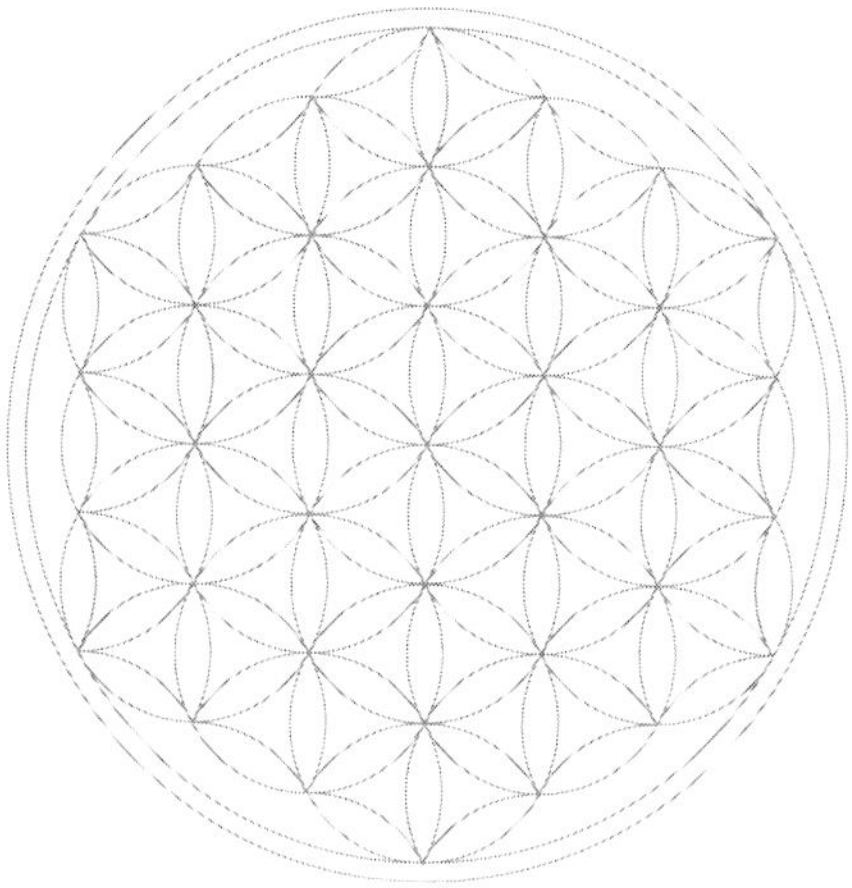

第3章

ハートから自分を愛し、ハートから創造する

message from Sarah 1

あなたのハートの中には
とても大切なものがあります

それは
いつの日か、あなたがハートに還り
見つけてくれることを
強く願っています

それは
神さまからそっと渡された
かけがえのないもの
何ものにも変えがたいもの

それは
あなた自身です

あなたのことを愛してやまない
神さまからのギフト
あなた自身を見つけにいきましょう

ハート＝心臓

ハートという言葉には、「心」という意味と、「心臓」という意味があります。
この本でハートという言葉を使うとき、それは物理的な「心臓」を指しています。

心臓の中には特別な一点があり、いくつかのエソテリックな教えの中では、その一点は「ハートの中の秘密の部屋」と呼ばれています。
そこは、あなたというスピリットの記憶の場所、あなたのアカシックレコードがすべて収まっている、神聖な空間です。この「ハートの中の聖なる空間」にスピリットが帰還するとき、私たちは自分がほんとうは誰なのかを思い出すことができます。

私たちは心臓からこの世界へとやって来ました。

医科学の世界でも、それが真実であることを感じ取ることのできる研究があります。精子と卵子が結合すると、ほどなく細胞分裂を始めますが、2、4、8、16、32……と2進法で細胞の数が増えていき、512細胞まで分裂すると、それは心臓になるのです。そして心臓から他の臓器が生まれ、手足が生えて、ヒトになっていくわけです。

心臓手術の際に、執刀医が決して触れない一点がある、という話があります。その一点に触れると、人間は即死してしまうのだそうです。

科学的に証明されているわけではありませんが、スピリチュアルな世界では、その一点が「聖なる空間」ではないかと見られています。

ハートの世界へ

脳の世界は、男性的、電気的、直線的です。

それに対し、ハートの世界は、女性的、磁気的、曲線的です。

脳は言葉や論理を用いて世界を構築しようと試みますが、ハートは感覚や感情、色や音、匂い、かたち（幾何学）などを用います。

夜、寝ているときに見る夢は、ハートの世界にとても近いかもしれません。夢の中では、時空間を楽々と飛び超えて、さまざまなことを体験しますが、まさにハートの中でも同じことが起きます。

ハートの聖なる空間に入ってみると、まずは、その空間を満たしているバイブレーション

（波動）が、あなたの感覚や感情に何かを強く訴えかけてくるかもしれません。

なぜか「知っている」という感覚や、なつかしくてたまらない気持ちがあふれてくる。

そんなことが起きてくるかもしれません。

そういった感覚や感情は、あなたが確実にハートの聖なる空間に入っていることの、何よりも信頼できるバロメーターとなります。

そこは無条件の愛の空間

ハートの中の聖なる空間のバイブレーションに浸っていると、私たちは自然に、**宇宙のはじまりから存在している愛**の感覚を思い出すようになります。

それは、「無条件の愛」です。

脳の二極性が創り出す、幻想ともいえる「条件付きの愛」にあまりにも慣れてしまったために、現代の私たちは「無条件の愛」の感覚をほとんど忘れてしまっているかもしれません。

たとえば、誰かをとても好きになって、その人を愛するようになる。けれど、その人がイヤなことを言ったり、自分にとって都合の悪いことをしたりすると、キライになってもう愛さなくなる。

それは、「私の条件にかなう時だけ、あなたを愛します」という「条件付きの愛」ですね。

それにひきかえ「無条件の愛」は、「あなたがどんなふうであろうとも、変わらずに愛している」という状態です。

「無条件の愛」と「条件付きの愛」は、チャクラでも感じることができます。

チャクラシステムは大きく分けて、7つのチャクラシステムと13チャクラシステムの、ふたつのシステムがあります。ピアノの鍵盤にたとえるなら、7チャクラシステムは白鍵のみのシステム、13チャクラシステムは黒鍵も含めたシステムとなります。

13チャクラシステムで見ると、ハートチャクラは、ハイアー（上位）とロウアー（下位）のふたつがあることがわかります。

「ハイアーハートチャクラ」は胸腺のところにあって、脳（右脳）につながっているために「条件付きの愛」のエネルギーで機能しています。

私たちは脳から恋したり、愛したり、傷ついたり、傷つけられたりしてきていますから、このチャクラにはトラウマがたくさん溜まっていて、ヒーリングを必要としていることがとても多いのです。

一方、「ロウアーハートチャクラ」は心臓とつながっていて、ここは「無条件の愛」のチャクラですから、ここから無条件の愛を送ることで、誰でも、どんなメソッドを使っても、ヒーリングをおこなうことができます。

二極性の場所である脳に意識があるうちに、この「無条件の愛」の状態になるのは、ほぼ不可能なことです。

なのですが、脳が「私は無条件に人を愛さなくてはいけない」というルールを持っていたりすると、もう無理やり「無条件の愛」であるフリをして、とても苦しくなってしまったりするのです。

脳の基本設定は、「条件付きの愛」です。

まずそれを理解してしまえば、そこで苦しむ必要はもうなくなります。

そこまできたら、次には宇宙の原初のパワーである「無条件の愛」を思い出すべく、ハートの聖なる空間へと急ぎましょう。

ふたつのセルフラブ

「セルフラブ」という言葉があります。

〝自分自身を愛する〟という意味ですが、ここでも、脳の中から条件付きで自分を愛しているのか、それともハートから無条件に自分を愛しているのかで、とても大きな違いが出てきます。

脳には、「エゴ」という、自分だけを守り、安全に生き延びよう、繁栄しようとするエネルギー構造があります。

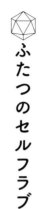

脳から自分を愛し続けていると、気がつかないうちにセルフラブとエゴが結びついてしまい、「人を傷つけたとしても、自分のことさえ愛していればよい」といったような、自分にとっても他の人にとっても迷惑な状態になってしまうことがあります。

脳からのセルフラブは、廻り巡って、結局は、自分自身を傷つけるものとなります。

ハートに入って、そこに意識をとどまらせる練習をしていると、脳が「さあ、ボクがハートだよ。大丈夫、キミはもうハートの中にいるよ」などと囁いて、ハートのフリをすることがあります。

脳は、とてもアタマがいいんですね（笑）。

でも、どうかそこで脳にだまされないでください。

感覚と感情という、あなたに備わっている素晴らしいセンサーをフルに使って、自分はいま、ほんとうにハートに意識が入っているのか、それとも脳があなたを二極性の幻想の中にとどまらせようとしているだけなのか、しっかりと見極めていきましょう。

脳の「条件付きの愛」を〝愛〟と呼ぶのであれば、ハートからの「無条件の愛」は、〝愛〟という言葉が持っている制限をはるかに超えてしまっているかもしれません。

「無条件の愛」は、この宇宙をも創ってしまう、宇宙で最強のフォースです。

うれしいことに、私たちは誰しも、この最強フォースをハートの聖なる空間の中に携えています。

ハートから無条件に自分自身を愛するようになると、あなたはスピリットの源泉ともいえる、おおもとの感覚や感情を思い出しはじめます。

あなたは子どものように無邪気で楽しくなり、同時に深い落ち着きと自信に満ちていきます。スピリットからあふれ出すよろこびが、あなたを見違えるほど美しく輝かせます。

そう、それが本来のあなたなのです。

そして、ハートからのセルフラブは、自分を愛することだけにとどまらず、自分以外のすべてをも**愛さずにはいられない**状態へと導きます。

なぜなら、この世界で出逢うすべての生命も、すべての体験も、じつは自分の内側のホログラム（写し絵）であることが、ハートの中ではシンプルに理解できてしまうからなのです。

これが、「無条件の愛」が宇宙の最強フォースであることの秘密です。

自分自身への愛と、自分以外のすべてへの愛。

このふたつの愛が、離れがたくパッケージになっているのが、**ハートからのセルフラブです**。

ハートと脳を愛でつなぐ

だからといって、私たちは脳を置き去りにしたりはしません。

いままで脳は、この大変な世界で、ひとりでがんばってきたのです。

ひとたびスピリット（意識）がハートの聖なる空間に落ち着いたなら、今度は**脳をハートから思いっきり愛してあげましょう**。


ハートから無条件に愛されることで、脳の中にしあわせな感覚が満ちていきます。

これを科学的に見ると、脳波がβ波（ベータ波）からα波（アルファ波）へと変化していることがわかります。

日常生活のあれこれをこなしている時、イライラしたり、心配したりしている時に、おもに出ているのがβ波で、これは「ストレス波」とも呼ばれます。

しかし、ハートに意識があり、そこから脳につながって愛が送られてくると、脳はリラックスして安心し、次第によろこびに満ちていきます。その時に出てくる脳波がα波です。

α波の状態になることで、脳はハートの言うことを素直に聞き入れ、よろこんで**ハートに協力**するようになります。

これが本来のハートと脳の関係であり、健全なバランスなのです。

ハートが主体となり、ハートに愛されている脳がハートをサポートする。

ひとたびこの美しい関係が築かれると、忘れてしまっていた本来の自分の輝きへ戻るという、素晴らしい変容への扉が、あなたの目の前に開かれていきます。

ハートの夢を世界に映し出す

ハートはあなたの願いを夢見ること、イメージすることがとても得意です。

「こんなことができたらいいな」
「こんな世界に住めたら素晴らしいな」

そんな夢やイメージを、ハートの中で思いっきり大胆に描きましょう。
宇宙のすべてとつながっているハートの中では、あなたにとっても、他の誰にとってもよいことしかイメージできませんから、どんな夢を描いても、誰かの迷惑になることはありません。

逆に言うと、もしあなたが描いている夢が誰かにとってよくないことだったとしたら、たぶんあなたの意識はハートではなく、脳の中に戻ってしまっている可能性が高いのです。長い間、脳の中に意識を置いて生きてきた私たちにとって、これは注意すべき重要なポイントです。

ここでもまた、あなたの**感覚や感情**がバロメーターとなります。

そのうれしさは、その楽しさは、ハートから出ているものですか？　それとも、脳がハートのよろこびを真似しているのでしょうか？

それをいつも意識して、しっかりと見極めていくことは、ほんとうに大切です。

さて、しっかりとハートに意識を据えて、ハートからの願いを夢やイメージで描いたら、今度はその夢やイメージを、愛をもって脳に伝えましょう。

脳は、ハートの夢を３次元の世界へと映し出すことを、よろこんで手伝ってくれますよ！

ハートから脳へと伝えられた夢やイメージは、あなたのからだ全体をすっぽりと包んでいる光の球体へと送られていきます。

あなたのからだを包み込んでいる光の球体は、宇宙の360度方向へとあなたの夢を映し出す、ハートの映写機です。


ハートから脳へ、脳から光の球体へ。


光の球体の中が、あなたのハートの夢やイメージで豊かに満たされていくのを感じてください。

その時、あなたの夢は宇宙のスクリーンいっぱいに映し出されています。

ほどなくあなたは、あなたがハートで描いた夢が、3次元という劇場で上映されるのを観ることになるでしょう。

＼column／

科学的に読み解く！

愛でつながるハートと脳

近年の科学では、臓器としての心臓と、心の在り方としてのハートが密接に関わっていることが明らかにされています。その世界的な専門機関が、米国 NPO 法人「ハートマス研究所」です。

同所の研究で明らかになった、心臓と脳の関係性について、科学的な視点からみてみましょう。

資料提供：HeartMath® Institute and Research Center
協力：森田玄（ハートマス研究所認定トレーナー）
月刊『アネモネ』2020 年 11 月号より転載

脳がキャッチする情報は心臓から発信されている！

心臓には、複雑な神経ネットワークをもつ「心臓脳」が存在するといいます。
心臓→脳へ送られる情報は、脳→心臓の情報量と比べると約 100 倍も多いのです。

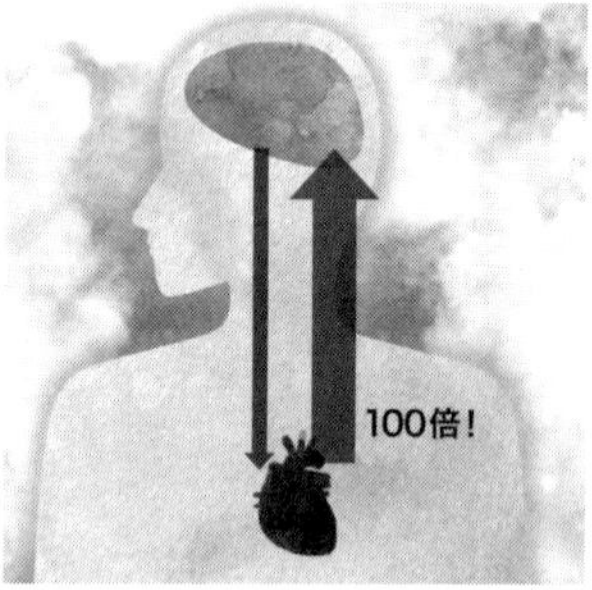

心臓と脳の蜜月関係 (コヒーランス)

心臓と脳が調和的に同期することにより、脳をはじめとする各機関や神経系、血管系、ホルモン系、免疫系なども効果的にバランスよく機能させ、肉体的・心理的・感情的システムが、同期している状態を「コヒーランス」といいます。心臓と脳が調和し、コヒーランスにある時、脳や全身の機能を高め、感謝や愛が生まれます。

●心臓と脳が調和的に同期する「コヒーランス」

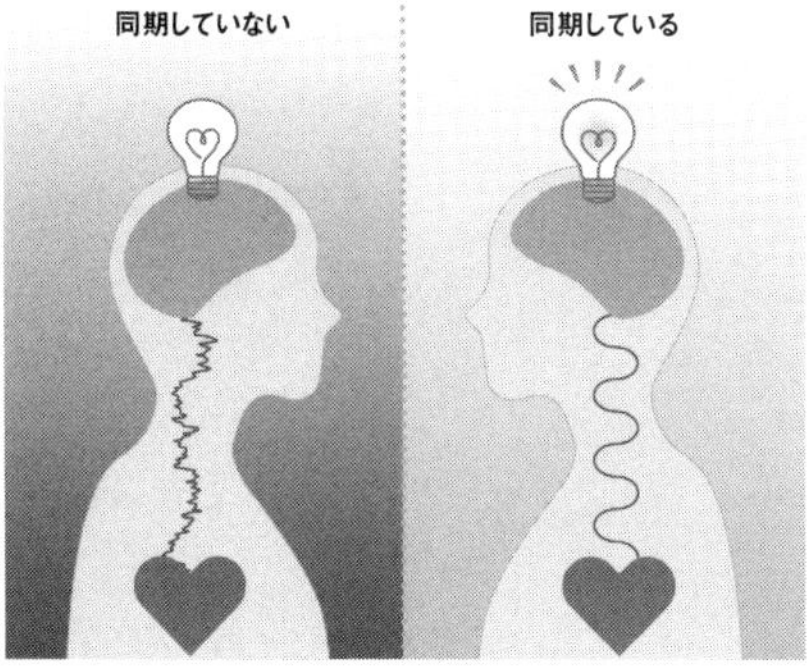

●心拍リズムパターン

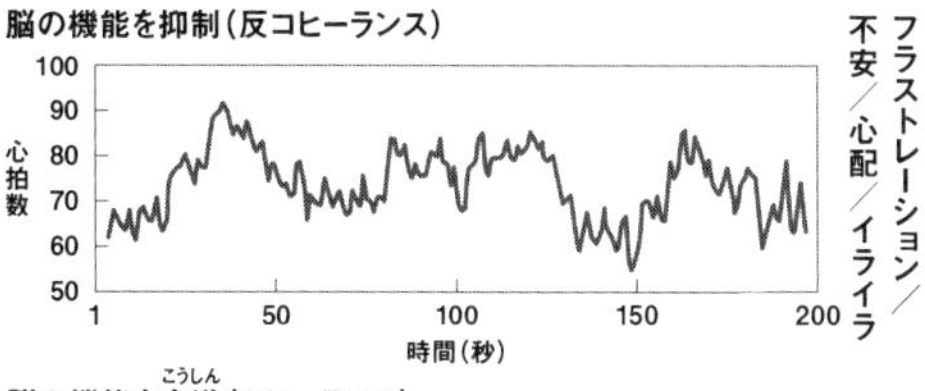

ポジティブな感情がコヒーランスに導き、脳機能を高める

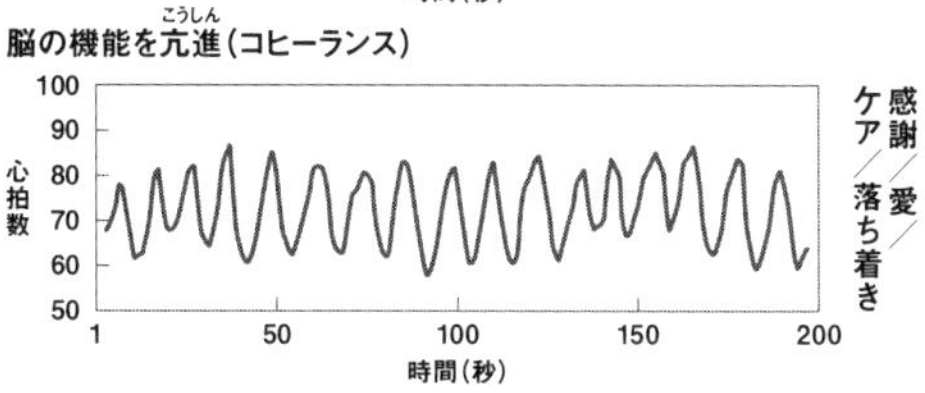

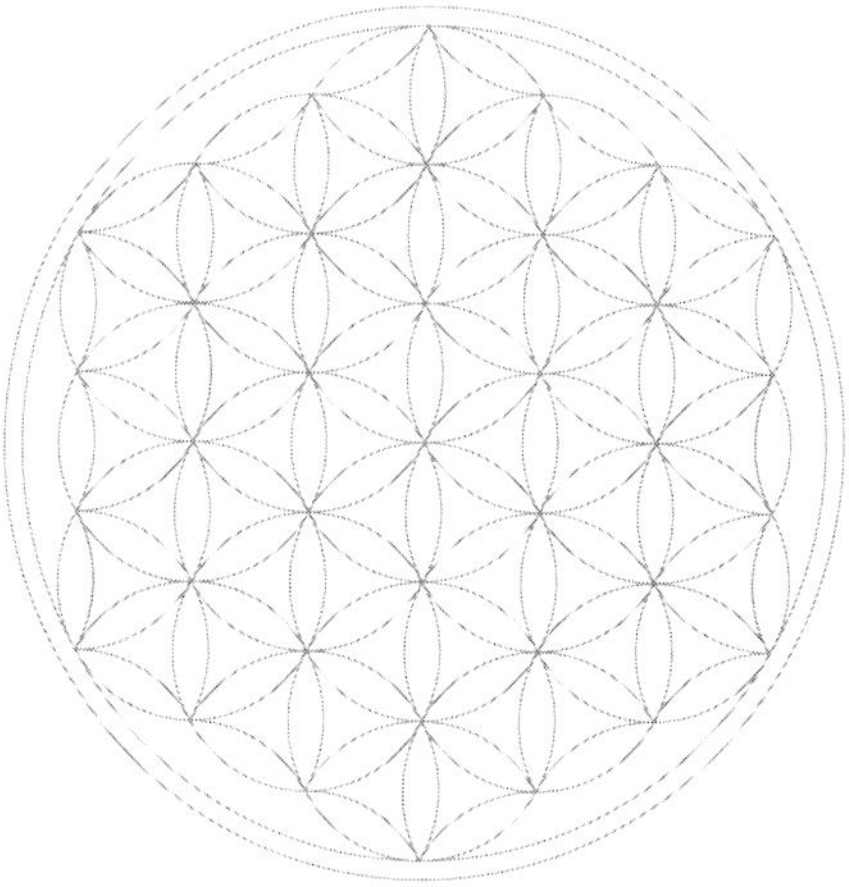

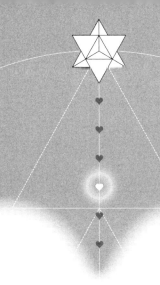

第4章

生きている愛の花「マカバ」を咲かせよう

message from Sarah 1

あなたは、いまというタイムラインを選んで
この美しく青く輝く星へとやってきました

この星で何かをしたい
誰かの役に立つことをしたい

そんなハートの情熱が燃料となって
あなたをこの星に到着させたのです

それからずいぶん長い時が経ち
あなたは自分が乗ってきた宇宙船のことを
すっかり忘れてしまいました

「マカバ」は
あなた専用のスペシャルな宇宙船です

マカバに乗って
あなたは故郷の星へと還ることができます

message from Sarah 1

マカバがあれば
あなたは次元を乗り超えていくことができます
さあ、そろそろマカバのことを思い出して
エンジンを回しましょう

身体のまわりに広がるエネルギーフィールド

私たちは、身体の周囲に広がる、目には見えないエネルギーフィールドをたくさん持っています。

心臓が鼓動を打つたびに波のように広がる「磁気フィールド」もそのひとつですが、その他にも、1000以上ものエネルギーフィールドがあるといわれています。

それぞれのエネルギーフィールドは、概してとても大きく、それに比べて肉体は、とても複雑で見事な機能を備えているとはいえ、私たちのほんの小さな部分にすぎません。

量子物理学の世界では、宇宙のすべてを波動として見る、という考え方がありますが、エネルギーフィールドは、まさに波動そのものです。それぞれのフィールドが、波のようにとどまることのない動きを持っています。

「オーラとエネルギーフィールドは違うの？」という質問をいただくことがありますが、私の理解では、オーラは基本的にエネルギーフィールドとは違うものです。

オーラは、各チャクラから出ているバイブレーションや色が、身体の外側に映し出されたものです。

そのために、怒りを感じている人のオーラは、ルート（第1）チャクラが活発になっているために赤く見えたり、人に何かを教えたり情報を伝えている時は、クラウン（第7）チャクラの色が反映されてオーラが紫色になったりします。

意識がどこにあるか、何を感じているかなどによって、オーラの色やかたちは微妙に変化していきます。

一方、エネルギーフィールドは、一定の幾何学的なかたちを持っています。

たとえば、心臓から出ている磁気フィールドは、「トーラス」と呼ばれるドーナッツのようなかたちをしていますし、マカバと呼ばれるエネルギーフィールドは、正四面体を上下に組み合わせた星形をしています。

それぞれ幾何学的な軌道に沿って波のようにエネルギーが動き、回転し、機能しているのが、エネルギーフィールドです。

神聖幾何学は生きている

マカバをはじめ、フラワー・オブ・ライフやメタトロン立方体などは「神聖幾何学」と呼

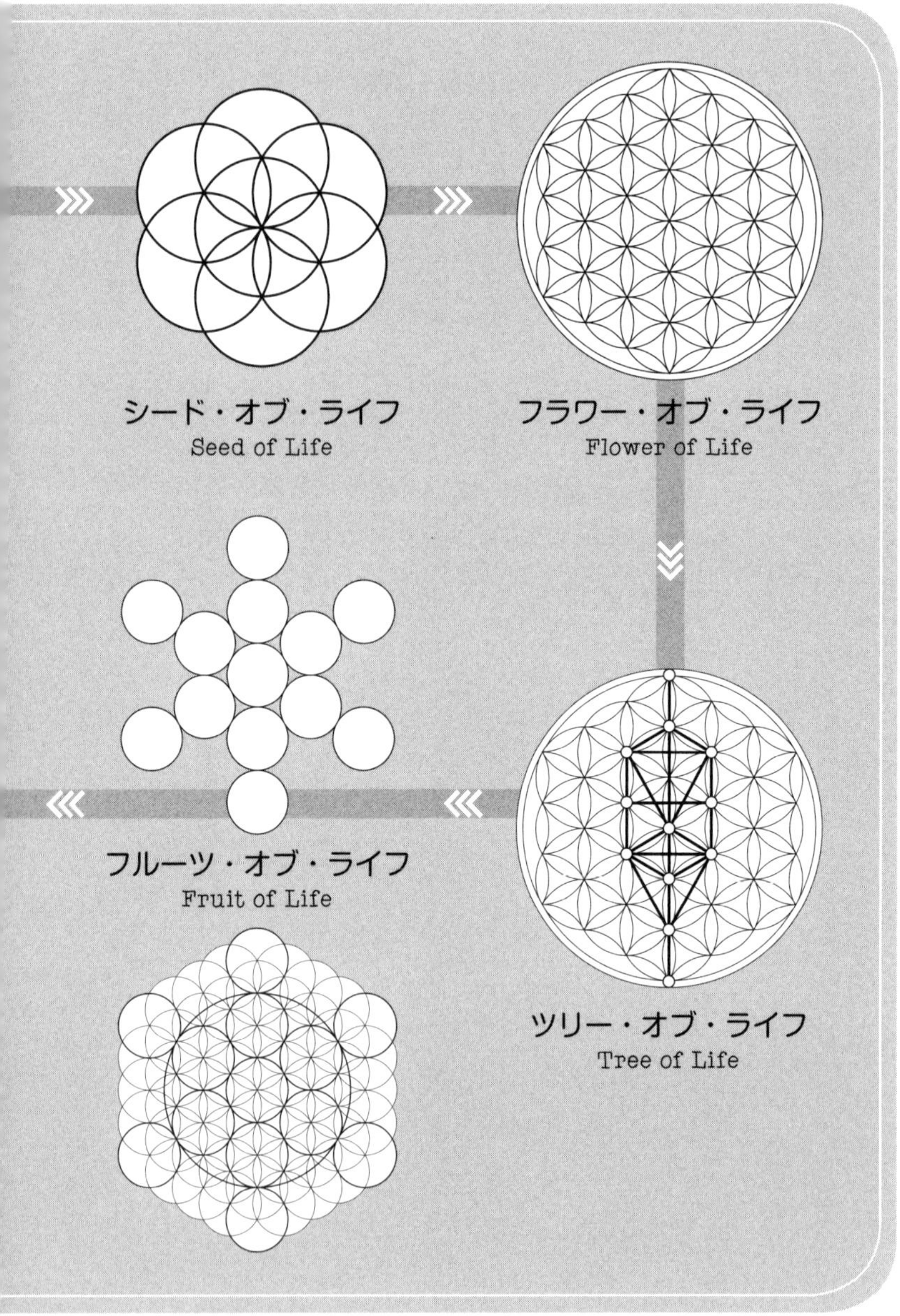
シード・オブ・ライフ
Seed of Life
フラワー・オブ・ライフ
Flower of Life
ツリー・オブ・ライフ
Tree of Life
フルーツ・オブ・ライフ
Fruit of Life

神聖幾何学
Sacred geometry

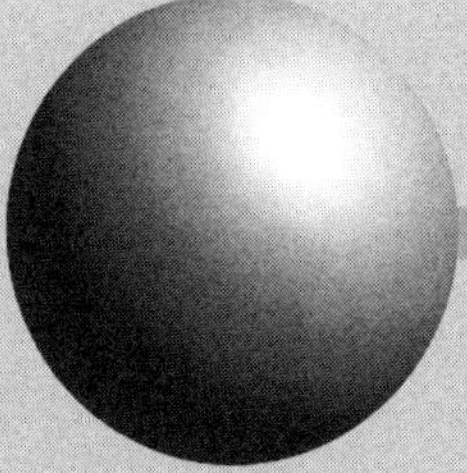

球体
Sphere

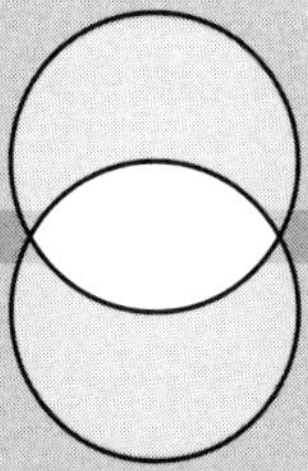

ヴェシカパイシス
Vesica Pisces

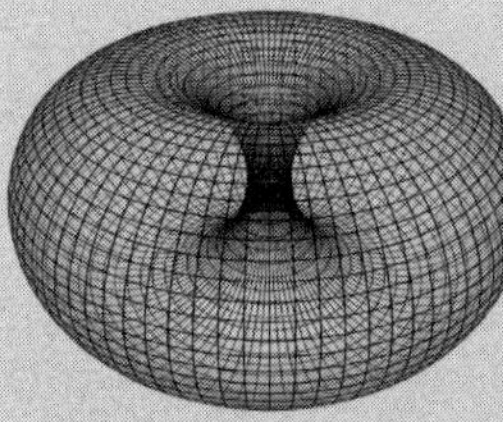

トーラス Torus

マカバ Makaba

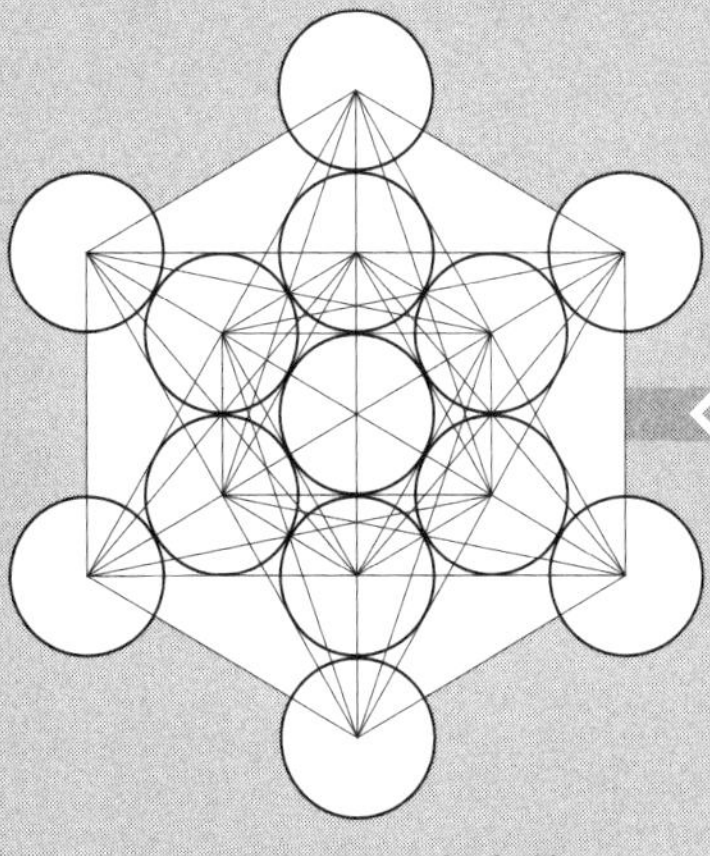

メタトロン立方体
Metatron's Cube

ばれますが（Ｐ70～71）、なぜ「幾何学」の上に「神聖」という2文字をのせて、「神聖幾何学」と呼ばれるのでしょうか。

数学が大の苦手だった私は、〝キカガク〟と聞いただけで走って逃げていましたが、ここにきてようやく、神聖幾何学が何を意味しているのか、少しだけ感じとれるようになってきています。

私が学問としてではなく、感覚的に理解していることは、こんな感じです。

●幾何学は、宇宙の基本的な構成要素。
●幾何学は、宇宙の言語。この言語は音楽や数字という言語にも置き換えることができる。
●あなたも私も、そして宇宙全体も、幾何学をもとにしてつくられている。
●幾何学は自分の外側にだけではなく、常に内側にある、生命そのもの。
●宇宙に、止まってじっとしている幾何学はひとつもない！

●ダイナミックに躍動し、変化し、成長していく宇宙の中で、幾何学は生命のバランスを取ることを教えてくれる。

だからこそ、ピタゴラスの時代には、幾何学はとても神聖なものとされていたのではないかと思うのです。そしてその後の時代にも、ごく一部のエソテリックな人々によって密かに研究され、神聖なものとして扱われてきたのでしょう。

中でも「マカバ」という神聖幾何学は、いま巨大な変化をくぐり抜けようとしている私たちにとって、とてつもなく重要な役割を持っています。

マカバは、身体のまわりに光に近いスピードで回転しているものなのですが、アトランティス時代の大事故の際、そのショックで私たちはハートから飛び出てしまっただけではなく、マカバの回転もストップしてしまいました。

音にたとえると、ひとつの次元は12の倍音に分かれているのですが、それぞれ倍音を上昇していって一番高い倍音までいくと、次は、もうひとつ上の次元へとジャンプすることになります。

次元の概念もチャクラシステムと同様に、ピアノの鍵盤を思い浮かべるとわかりやすいと思います。たとえば、真ん中の「ド」の音からひとつずつ上の鍵盤へと進んでいき、「シ」の音までいくと、その次は次のオクターヴの「ド」になります。

ピアノだったら簡単に「シ」↓「ド」と弾くことができますが、私たちが倍音を上昇していく場合には、いままでの次元の「シ」と、次の次元のはじまりの「ド」の間には、大いなる壁があります。

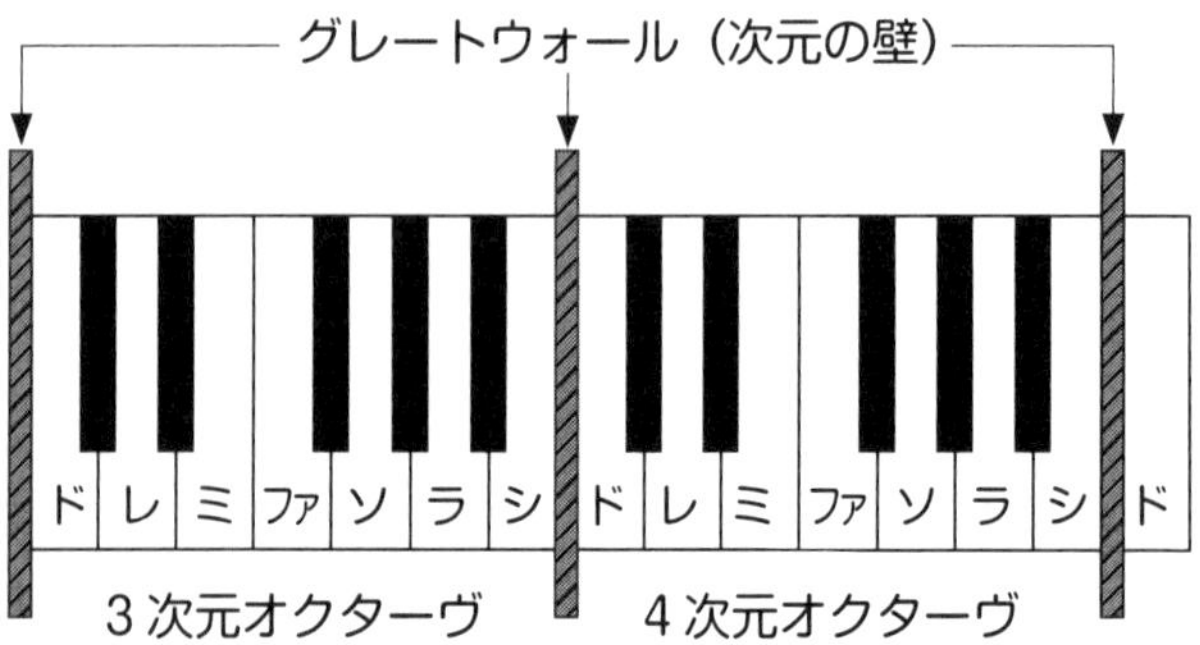

「グレートウォール」と呼ばれる、このオクターヴの壁は、ハートの愛で活性化し回転しているマカバなしには超えていけないのです。

いま地球は、このオクターヴの壁を超えて4次元へと入っていくところですから、私のメンターであるドランヴァロのような存在がやってきて、「みなさん、そろそろマカバを活性化しましょう！」と言っているわけです。

けれども、大丈夫です。心配する必要はありません。

なぜなら、いま回転が止まっていたとしても、私たちはみんなマカバのかたちを身体の周囲に持っているからです。

「マカバを再び活性化する」とハートから意図することで、たやすく回転させることができるのです。

愛で咲く花「マカバ」

マカバの回転が止まっている状態は、植物にたとえると、「種」の状態といえるでしょう。

種は生命のすべての可能性を内包していますが、活性化していません。そのために、動きも変化も成長も起きない状態です。

種が目覚めて、土から芽を出すためにはどうしたらいいでしょう?

土に守られながら、太陽から降り注ぐ光や、雨の恵みを受けて、種はみずから目覚め、活性化し、成長を始めます。

マカバもそれとまったく同じといえます。

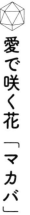

マカバに意識を向けて、「元気に芽を出して、花を咲かせますように」と、**無条件の愛の水**を注いであげればいいのです。

ところが、脳に意識があるままでは、無条件の愛をマカバに注ぐことができません。それができるのは、ハートの聖なる空間の中にある、宇宙とダイレクトにつながっている無条件の愛の場所「**小さな空間**」からです。

つまり、マカバの活性化には、ハートの小さな空間からの無条件の愛が必須なのです。

ドランヴァロが創設した『ATIHワークショップ』は、脳からハートに意識を移動させ、ハートから生きることを思い出すためのワークですが、4日間のワークショップのうち3日目までは、ほとんどハートのことしか扱いません。最終日に初めてマカバの話をして、みんなで一斉に活性化させていきます。

それくらい、ハートに意識があることが重要なのです。また、ハートに意識がありさえすれば、マカバは意図とともに活性化し、勢いよく回転を始めます。

私のワークショップでも、最終日にみなさんのマカバが活性化すると、まるで美しい蓮の花がポンッポンッと音を立てながら、見事に咲いたような状態になります。

その瞬間に風を感じる人、たおやかな香りを感じる人、何も感じないと言いながらブンブン回っている人など、それぞれです。

私はといえば、みなさんのマカバが目覚めた瞬間に、部屋のバイブレーションがまったく変わってしまい、素晴らしく高く深いものになってしまうことに、いつも驚かされ、感動しています。

マカバはまさに、**ハートから咲く、生きている愛の花**です。

活性化させたあとも、どうぞ忘れずに愛の水を注いであげてくださいね。

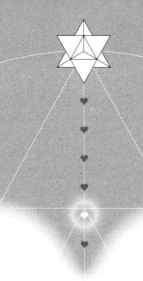

第5章

ハートの聖なる空間への旅

message from Sarah 1

私がこの本を書いているのも
ワークショップや瞑想会を開くのも
ひとりでも多くの人に
ハートの聖なる空間を体験してほしいと思うからなのです

ほんとうのあなた自身が
ハートの聖なる空間の中で
あなたの帰還を待ちわびています

この大いなる変化のときに
私たちは何をおいてもまず
ほんとうの自分自身を思い出さなくてはなりません

すべてはここからはじまります

ひとたびここに帰ってくれば
ここからあなたは
宇宙のどこへでも行くことができます

気持ちの旅支度をして
ハートの聖なる空間への道をたどりましょう

ハートの聖なる空間とは？

私たちは、この3次元を忙しく生きながらも、深いところに神聖なものへの憧れを持っています。

スピリチュアルなことに惹かれる人たちは、世界に散りばめられているセイクレッド・サイトへと足を運んだり、その情熱（または、熱い気持ち）にヒットする何かを求めて何冊も本を読んだりします。さまざまなスピリチュアルな教えを学ぼうとすることも、自分の中にある神聖なものへの憧れの正体を知りたい、という衝動から来ていたりします。

そういったことはとてもワクワクしますし素敵なことですが、じつはあなたが憧れる神聖なものはすべて、あなたの内側にあります。

それはまさにあなたの心臓の中、神聖で秘密の場所である「ハートの聖なる空間」の中に

横河サラさんのイベント情報

出版記念ワークショップ | **3月13日(土)** 13:00〜16:00（開場12:45）

次元移行のための
マカバの活性化に直結する！
ハートの聖なる空間にアクセスする方法

アトランティス時代に脳に転移した意識をハートに戻し、マカバ始動の準備をする!

私たちのエネルギーフィールドには、「レオナルドスフィア」と呼ばれる球体が存在し映写機のようになっています。つまり、自分の中にあるものを、外に映し出しているだけなので、外側にあると思っている現実も、じつは全部自分のホログラムなのです。この意識の反転を一度でも実感できると、現実は脳がつくった幻想なのだと理解でき、意識を脳からハートへ戻すことが可能に!
そして、ハートの奥にある、聖なる空間の中には、創造主が創った「小さな空間」があります。ここは、フワラー・オブ・ライフの起源である最初の1個の球体とダイレクトにつながっています。つまり、創造主とつながっているわけですから、私たちの意識がハートの中の小さな空間にあると、神さまと同じように創造できるのです。
脳に転移した意識をハートに戻し、本来の主従関係へと修正し、ハートは宇宙とつながっていることを理解することで、おのずと自分や他者との関わりに変化が起きます。愛の源泉であるハートの力を甦らせ、新たな人生をスタートするためのワークショップです。ぜひ、ご参加ください!

料金 **16,000円(税込)**
会場 **東京都大田区産業プラザPiO**

個人セッションも開催しています！

クリアリング＆ヒーリング＆
チャクラの調整で、
瞬時にハートにチューニング!

ハートの中の
ブループリントを思い出し、
本来の力を甦らせて
自分らしく生きる

横河サラさんのワークショップ、個人セッションのお申し込み＆情報はこちらをご覧ください。

そのほか、アネモネ開催のイベントはこちらより

アネモネワークショップ　検索

お申し込み　ビオ・マガジン TEL：03-5436-9204

E-Mail：workshop@biomagazine.co.jp

見いだすことができるのです。

ハートの聖なる空間は、私たちが忘れてしまっている繊細でみずみずしいエネルギーに満ちた、感覚の世界です。

たとえば、一本の薔薇の花を認識することを例にあげてみましょう。

この花は何という名前？　花の色は何色？　花びらの数は何枚？　花の大きさは何センチ？

脳から認識しようとするとき、私たちはこんなふうに、この薔薇の花を「理解」しようとします。

けれども、あなたがハートの聖なる空間からこの薔薇の花に出逢うとき、あなたはこの花とダイレクトにコミュニケートし、つながります。そこにはもはや名前やデータは存在せず、感覚や感情だけが生き生きと息づいています。

そしてあなたは、この薔薇の花と離れがたく、ひとつになります。

これは言葉では言い表しがたい、「体験」としか言いようのないものです。ほんとうの意味での「感動」は、ハートの聖なる空間からあふれ出すものなのかもしれません。

ハートの聖なる空間へたどり着くことこそ、自分を思い出す旅

ハートの聖なる空間は、あなたというスピリットがこの宇宙に誕生した瞬間から、いまこの瞬間までの、すべての記憶が刻まれている場所です。

ここには、あなただけのプライベートな「アカシックレコード」が入っています。

そのために、この空間に意識が入ると、なつかしい故郷に帰ってきたような感覚や感情を憶えるかもしれません。

あなたはここで、ほんとうの自分自身は誰であるのかを思い出すことができます。

先ほどの薔薇の花の例のように、あなたというスピリットを感覚や感情で体感し、ダイレクトに自分自身とつながることができるのです。

あなたにとって一番の親友、最高の恋人は誰でしょう?

それは他の誰でもなく、**あなた自身**です。

この空間の中で、その最愛の人に再会するのですから、ひとたびこの体験をしてしまうと、いやでもあなたは内側から変わりはじめます。

誰かが作った定規に自分をあてはめようとして、そこに自分がはまらないことに悩まなくなります。

既製の服が自分に似合わなくても、落ち込むことがなくなります。
あなたの美しさを最高に引き出してくれて、着ることでしあわせな気分になる服をカスタムメイドで作ればいいんだ、と思えるようになります。

あなたは、そのままで完璧に美しいのです!

躊躇することなく、自然にその真実を受け入れられるようになります。

そうなると、あなたは他の人のことも、自分と同じように受け入れることができるようになっていきます。

いままで持っていた価値観や既成概念で人を判断することが減っていき、許せる範囲が広がって、寛大な気持ちや謙虚さがあなたの中に芽生えていきます。

それは、何よりもあなた自身にしあわせをもたらします。

とはいえ、私たちのほとんどは、長いこと脳に意識を固定した状態で生きてきていますから、脳の周りにある、エネルギー構造であるマインドの回路に、脳がつくり出す思考や感情を巡らせているのが普通のことになっています。

そのため、ハートの瞑想を始めてもすぐには、100%意識が聖なる空間に入ってそこにとどまっている状態をつくるのは、むずかしいかもしれません。

けれども、繰り返し聖なる空間にアクセスしていると、少しずつ深く、長く、聖なる空間に意識をとどめておくことができるようになります。

そうしているうちに、いつの間にかハートの聖なる空間にとどまり、そこから3次元の世界を眺めている自分に気づくのです。

この空間には、人生の万能薬があります

私の「ハートの聖なる空間」体験は、突然やってきました。

この人生をマインド（脳）で考えることばかりして生きていた私は、何とかして聖なる空間に入る体験がしてみたいと思っていました。けれども、毎日座って瞑想していたにもかかわらず、なかなかコツがつかめずに悪戦苦闘していたのです。

私にはハートの聖なる空間に入るのは無理なのかな、と半ばあきらめかけたある日、座って目を閉じていると、胸の内側で小さくコツンと音がしたような気がしました。

まるで、その音によってタマゴの殻にヒビが入り、そのヒビから水がにじみ出すように、感情があふれ出していくのを感じました。

水の勢いがだんだん強くなり、深い悲しみと強烈な至福感が混じり合った、言葉では言い表せないような激しい感情となってタマゴの殻を打ち破り、涙となってあふれ出していったのです。

とてつもなく長いあいだ内側に抱えていた痛みが、たくさんの涙とともに洗い流されていくようでした。

もはや止めることのできない号泣の中で、「スピリットとしてこの宇宙に誕生してからいままで、私が愛されていないことなんて、一瞬たりともなかったんだ」という想いが、私の中で響きわたっていました。

ああ、これがハートの聖なる空間に入る、ということなんだ……

それは、どんなに鮮やかなヴィジョンが見えることよりも、どんなに素晴らしい天使からのアドバイスよりも、強烈な感動を私にもたらしたのです。

この体験により、私は永遠に変わってしまいました。

このとき私は、「**究極の癒しは、自分の内側からのみ起こる**」ということを身をもって学んだのです。ハートの聖なる空間の中で、それは起きます。

究極の癒しが起きると、スピリット・マインド・ボディ、すべてのバランスを取ることが自動的に始まり、細胞もエネルギーフィールドもひとつ残らずリセットされて、真の自分という基本設定からもう一度スタートすることが可能になります。

ハートの聖なる空間には、宇宙から常に注がれている、祝福のエリクサー（錬金術における秘密の霊薬、万能薬）の泉があります。

ぜひ、あなたのハートの聖なる空間にアクセスして、あなたのために特別に調合されたエリクサーを、ハートの泉から飲みましょう♡

ハートの聖なる空間に入ると、現実が変わる

ハートの中で究極の癒しが起きて、あなたという存在のすみずみまでバランスが取れてくると、現実を変えようと一所懸命にがんばらなくても、自然に宇宙の流れにシンクロするようになり、現実が楽に、スムーズに流れるようになっていきます。

こういうふうになるといいな、と何気に思っていることが、素早く、思いがけない方向からやってきてくれる、というようなことが起きてきます。

最初のうちはマインド（脳）がそのスピードについていけず、バランスをとるのが大変かもしれませんが、宇宙と自分が離れがたく、無条件の愛でつながっていることへの信頼さえあれば、次第にマインドはハートと協働するようになっていきます。

あなたが現実の中でほしいと思っている答えは、じつはすべて、**ハートの中にあります**。マインドは、いつでもハートから答えを取り出して現実に応用するようになり、文字どおり「ハートから生きる」ことがはじまります。

そうやって宇宙の流れに乗り、起きてくることを楽しんでいると、いつのまにかあなたは、自分自身のブループリントを生きていることに気づきます。

ブループリントとは、あなたがこの地球に生まれてくるときに携えてきた計画表です。

3次元の地球で生きていく大変さや忙しさの中で、あなたはハートの聖なる空間の中にずっと置いてあった計画表のことを忘れてしまっていたかもしれません。

ブループリントに沿わない生き方をしているとき、理由はわからないけれど、何か違和感を感じていたかもしれません。

でも、もう大丈夫です！

あなた自身が計画してきたこと、あなたのブループリントを「現実」というホログラムにハートから映し出して、生きていくことを大いに楽しみましょう！

ハートの聖なる空間には、さらに〝小さな空間〟がある

私の大好きなメンター、尊敬するドランヴァロ・メルキゼデクから教わったことのひとつに、「宇宙の成り立ちかた」があります。

ドランヴァロは、この宇宙では「同じかたちが大小セットになって入っている」と言います。

しかも、必ず小さな空間が先に生まれ、次に大きな空間が小さな空間を包むように生まれる、というのが宇宙の成り立ちなのだそうです。

そのことは、宇宙の設計図であるメタトロン立方体に表されています。

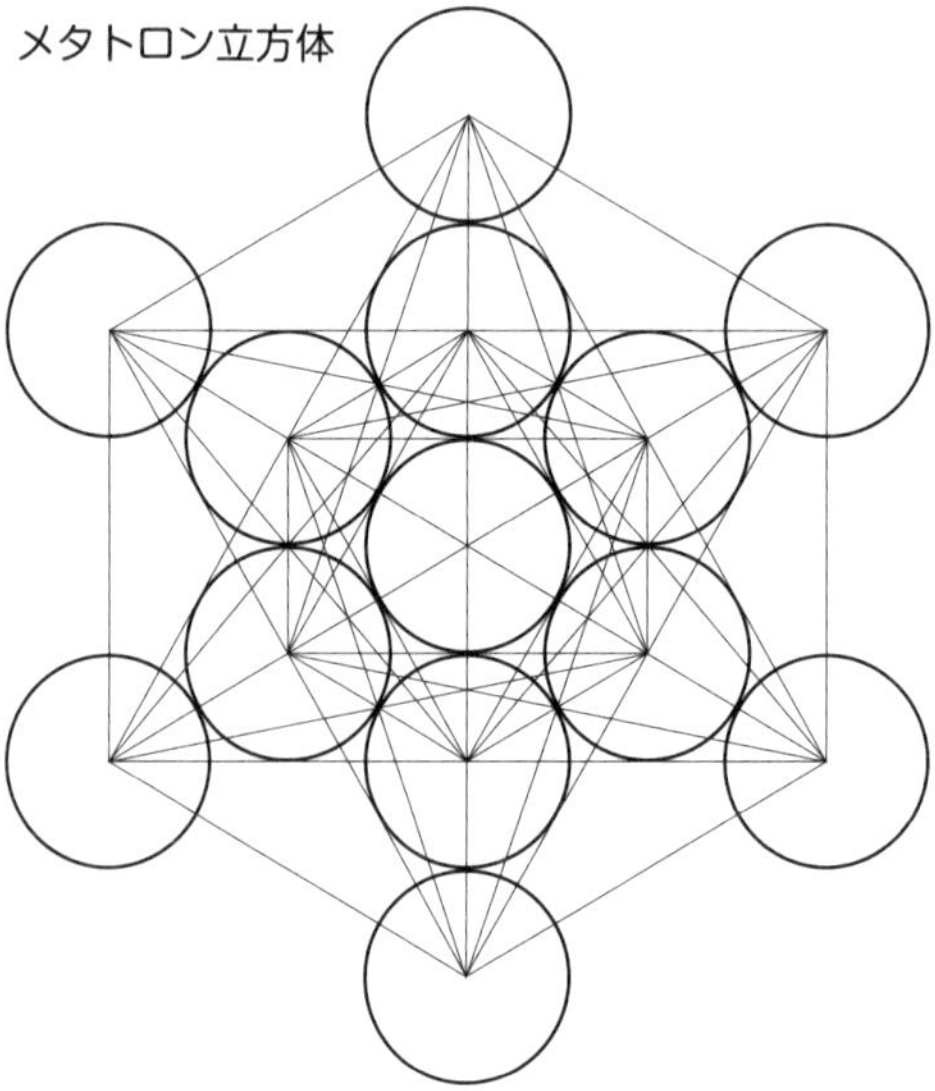

メタトロン立方体を見ると、5つのプラトン立体やマカバが、大小セットになって入っているのがわかります。

この法則は、私たちのハートにもあてはまります。

ハートの聖なる空間のそのまた中には、「小さな空間」と呼ばれる空間が存在していますが、この「小さな空間」がまず先に生まれ、そのあとに「小さな空間」を包むように「聖なる空間」が生まれたのです。

「小さな空間」は、不思議な空間です。

宇宙で一番小さくて、無限に大きな空間です。

ハートの聖なる空間のそのまた中の「小さな空間」

宇宙にたったひとつしかないけれど、誰しもハートの中にひとつずつ持っている空間。
私たちはみんな、小さな空間からこの世界にやってきました。

アタマで理解するのはむずかしいのですが、実際にハートの聖なる空間に入り、そのまた中にある「小さな空間」に入ることを意図すると、あなたはちゃんと「小さな空間」へと導かれていきます。

「小さな空間」は、宇宙のはじまりの場所であり、神さまとダイレクトにつながっている場所です。

フラワー・オブ・ライフという神聖幾何学は、それを表しています。
神さまである中心の球体から、あなたがどんなに遠くに離れていたとしても、フラワー・オブ・ライフを通して、あなたはしっかりと神さまとつながっています。

神さまは何もないところから、どんなものでも創り出すことができますが、それとまったく同じ創造のパワーを私たちは一人ひとり、この小さな空間の中に持っています。

この小さな空間から、ハートの夢を創造して世界に映し出しましょう。

思いっきり自由に、イメージの翼を大宇宙《おおぞら》に羽ばたかせましょう。

あなたのとびっきりの世界を創造することを楽しんでください！

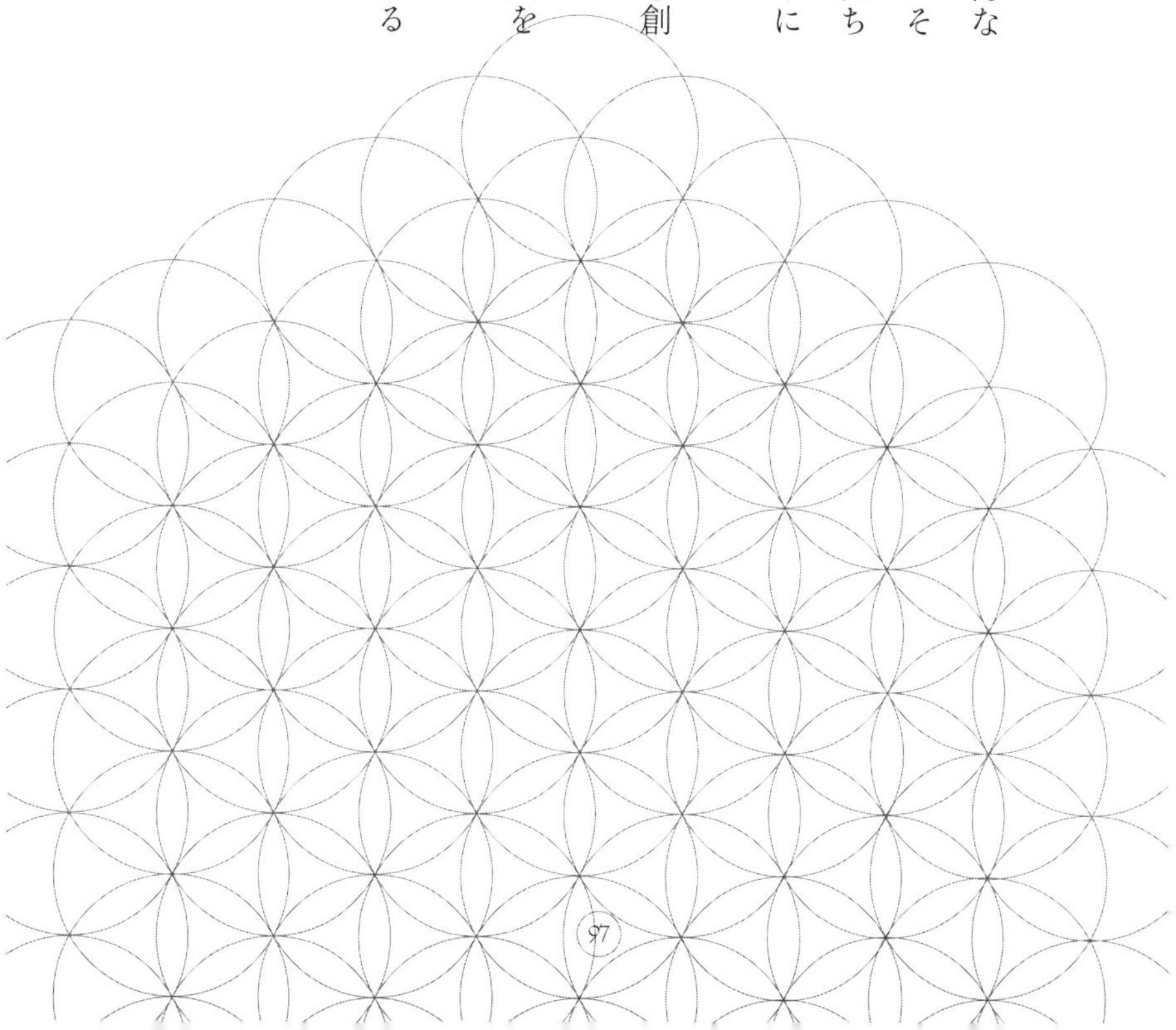

＼column／

ハートへの旅を体感する瞑想

世界中の先住民族の人々が、とても大切にしていることがあります。

それは、まずは母なる地球、それから父なる太陽と意識的につながることです。

先住民族の人々は、重要なセレモニーの前に必ずこれをおこなうのですが、地球や太陽とつながることなしに神聖な意識状態になることや、ハートに入ることはできないと彼らは考えているのです。

ドランヴァロのハートのワーク（ATIH）でも、ハートの瞑想の前には必ず、**地球・太陽・自分自身と無条件の愛でつながる瞑想**をおこないます。

これは、**「ユニティブレス瞑想」**と呼ばれています。

ユニティブレス瞑想によって創出されるバイブレーションは、ハートの聖なる空間の中のバイブレーションにとても近いため、ユニティブレス瞑想をおこなうことによって、たやすくハートに入ることができるようになります。

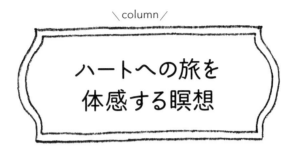

◆ 母なる地球

母なる地球は、子どもたちである私たちのことをよく知っています。

私たち一人ひとりの名前さえも知っています！

あなたの意識がハートの中にありさえすれば、あなたがどんな状況にあったとしても、地球は必ずあなたを守ってくれます。

地球と愛でつながり、親密なコミュニケーションを築くことで、ハートに入りやすくなり、あなたの中に生命に対するゆるぎない信頼が育っていきます。

◆ ◆

◆父なる太陽

父なる太陽は、銀河の中心の太陽、そして宇宙の中心の太陽とつながっています。

太陽系の中心の太陽と無条件の愛でつながると、あなたは宇宙にくまなく流れている無条件の愛を感じ、理解するようになります。

ハートの聖なる空間の中にある小さな空間は、宇宙とダイレクトにつながっていますから､太陽とつながることで､ますますハートのバイブレーションに近づくことができます。

◆ ◆

◆自分自身

自分自身と無条件の愛でつながることは、いま一番大切なことかもしれません。

忙しい毎日の中で、私たちは自分自身に意識を向けることを忘れてしまいがちですが、ユニティブレス瞑想を習慣にすることで、自分というかけがえのないスピリットを尊重し、ハートから愛することができるようになっていきます。

◆ ◆

ハートの聖なる空間にアクセスする前に、まずはユニティブレス瞑想をおこなうことをおススメします♡

「ユニティブレス瞑想」「ハートに入る瞑想」は、付属 CD または巻末にあるQR コードからアクセスして体感していただけます。

episode

わたしの「ハートの聖なる空間」への旅路

定期的に開催しているATIHワークに参加してくださった方々から寄せられた、ハートへの旅路の体験談をお届けします。

01 ❤「そこは宇宙空間のような無重力の感覚でした」

H・Sさん（女性）

私のハートの聖なる空間は、部屋全体が（壁も床も天井も）真っ白く、奥にステージのような、祭壇のようなものがある部屋でした。ひんやりと静かな部屋でしたが、床が冷たいなと思ったら段々とふかふかの床に変わったり、暗いなと思ったら眩しいくらいに明るくなり、ちょっと疲れたなと思ったらムーディで柔らかい光に変わったりと、心地良く調整される感じで、ぼーっと何時間もいられるような気持ちの良い空間でした。

その中にある小さな空間は、ステージか祭壇か、その奥に小さな扉があり、くぐると上下左右が全面窓の部屋で、窓の外は宇宙でした。

入ると無重力だったので、ほぼ宇宙空間にいるような感覚でした。

ATIH終了後、サラさんに「私のマカバ、ホントに回ってますか……?」とわざわざ聞いたくらい、体感的にはほとんど変化はなかったのですが、思い返すと、タイミング的にここから良い方向に向かったなという感じがあります。

たとえば、病気を抱えていたペットは、その頃に紹介してもらった病院に通い始めて（代替医療のクリニックを併用）、徐々に良くなってきて、それからさらに半年以上かかりましたが、今は寛解状態までになりました。

また、私自身が抱えているトラブルはまだ解決はしていませんが、ちょっと好転を期待できるような情報が出てきたところです。

ATIHを受けてから、人間関係がどんどん変わってきている感覚があります。

自分の方向性が定まってきたからかもしれません。

02 「ハートの赴くまま、ありのまま自由に生きていいんだ!と腑に落ちました」

N・Sさん（男性）

「自分が何のために生まれて来たのか？」「何をしに来たのか？」

この答えを、幼い頃から探していました。

それに、好きでもない仕事を辞めたくても辞められずに、何で約20年も続けているのだろうと、その答えを知りたかったのです。

ハートの聖なる空間に入ると、初めは洞窟の中にいるような真っ暗で冷たい感じがしましたが、不安や恐怖はありませんでした。

いまも自分で瞑想を続けていますが、暖かくて広い空間に感じ、優しさに包まれていて、とても心地が良いです。

小さな空間はとても窮屈で、シーンと静まり返っていて、濃いブルーの光が見えました。いまでは、ハートの聖なる空間より1オクターブ高くて、キーンと背筋の伸びる感じがして、とてもキレイな白い光が見え、スッキリとした感じがします。

ハートに入ることで、「ハートの赴くまま、ありのままで自由に生きてよいのだ！」ということが、日に日に腑に落ちてきました。

いまは、ハートが感じたことを大切に生きるようにしているので、毎日が楽しくて充実していてしあわせです。

また、いままで楽しかったことが楽しくなくなり、仲の良かった方とも波長が合わなくなったりもしたのですが、逆にいままでの自分では興味がなかったことがすごく楽しくなったり、人間関係が整理されてきました。

そして、好きでもない仕事を続けていた理由に気づくことができ、これからは使命としておこなっていきたいと思えるようになりました。

03 ♥「答えを求めたい時は、ハートに委ねればいいのです」

M・Aさん（女性）

これまで、さまざまな方のセッションを受けたり、リトリートに出かけたりしていました。それは答えを外に求めていたからでした。自分の中に恐れや不安があったのです。

マインド中心の意識で、ずっと生きてきました。それゆえに恐れや不安があったのですね。

けれどハートに入るようになったことで、ハートから意識することができるようになりました。それは私にとって、とても大きな変化をもたらしてくれました。答えを求めたいときはハートに委ねるのです。

直感的に答えが返ってくるようになりました。そしてその時に必要な最善の場所や事柄へ導いてくれるのです。

もう他の誰かのセッションなど必要がなくなりました。

「答えは自分の中にある」と気づいたからです。そしてハートの聖なる空間に入ることで、すべてはひとつだということを感じることができるようになりました。

自分自身は宇宙の一部である。そしてそこにあるのは無条件の愛だということ。

このことはものすごく私を強くしてくれました。

ATIHを受けることができ、そしてサラさんに出逢えることができたことに心から感謝しています。

04 ♥「ひたすら愛を感じ安心に浸れた時、現実が変わりました」

A・Kさん（女性）

5歳の頃のトラウマがあり、重い無価値観と罪悪感から、何かをしなければ生きていてはいけないと強く思い込んでいました。だから心は焦燥感でいっぱいで、人と比べては劣等感と優越感の間を、すごいベクトルで行ったり来たりしていて、苦しいのに動くこともできなくて、何をしたらいいかわからなくて苦しさばかりでした。何年もスピリチュアルの探求をして、新しいドアを開けては、また別のドアを開けてみるということを延々繰り返していました。

そこに、「自分自身を愛する」という意識がすっぽり抜け落ちていたのだと思います。何年もの探求でだいぶラクにはなっていましたが、一番肝心なところ、要はハートに入っていなかったんですね。ATーHは自分を愛することを教えてくれます。ATーHのワークを受けたとき、マイナスを埋めるような人生がやっと終わったと確信しました。そして実際そうなっています。

トラウマからくるものらしいのですが、私は脳内の「セロトニン」の分泌が通常の人より少なくて、常に心配や不安でいっぱい。「セロトニン再吸収阻害薬」という、脳内のセロトニンを一定に保つ薬を2年ほど飲んでいたことがあります。この薬を飲んだ時、普通の人の頭の中はこんなにもラクなのかと衝撃を受けました。そんな私が、ただ安心していられるというのはすごいことなのです。

ハートに入ると、「委ねていればいいんだ」と安心することができたのです。私の人生を振り返ると、この域に達することができるようになったのはすごいことだと思って、感謝でいっぱいになります。

ハートに意識を向けるだけで神の深い愛を感じます。そして、神に愛を叫びたくてたまらなくなります。ここに入ると何もいらなくて、ただ「神よ、愛しています」しか出てこないことが多いのですが、ひたすら愛を感じて幸福感に浸っています。

そのように意識が変わったので、現実も変わり始めました。

何か問題が起きても、ハートに入って瞑想すると答えが得られたり、神にお任せして放っておけば自然に解決してしまいます。

仕事においても、私の意識が反映され、どんどん変わっていくことを目の当たりにしています。

05♥「現実の出来事や登場人物が、望んだとおり心地よいものになっています」

T・Hさん（男性）

ヒーリングの仕事をしているのですが、長年いらしていたクライアントが、ある日とても良いエネルギーに変化していたので尋ねると、ATIHを受けられたとのこと。僕も「ぜひ！」と思い、参加しました。

ハートの聖なる空間に入ると、他では体験したことのない心地良さと安心感を感じて、「本来の自分でいるとはこのことか！」と体感できました。

さらに、小さな空間に入ると、「自分」という感覚すらなくなって、ただ何か大きなすべてと一体化しているフィーリングでした。

普段、現実と思っていた目の前の出来事が、ハートの中にいる時と同じように、夢の中でマインドを使わずにただただ眺めて感じ取る、そんな体感と一体化したものに変容してしまいました。

そうなることで、起こることや登場人物が、自分のハートから望んだように、どんどんと心地よいものになっています。

ＡＴＩＨは、自分の深い感覚とつながることで、外の世界との境界が外れて、「すべて自分自身が創り出している宇宙なのだ」とリアルに体感できる、唯一無二のワークです。

06 ♥「ここが自分の故郷なんだなと感じます」

Ｍ・Ｉさん（女性）

ハートに入った途端、幼少期の頃から数えきれないほど見続けていたある夢が映像としてはっきり見え、その夢の意味や、なぜ繰り返しその夢を見ていたのかなどが、メッセージとしてはっきり聞こえてきました。大人になってからは、その夢のことはすっかり忘れていたので、本当に驚きました。

そして自分がなぜ今世を生きているのか、役割は何なのかも知り、人生が変わり始めた体験だったと思います。

その後、次々に不思議なことが起こるようになっていきました。

ハイアーセルフに初めて会ったのも、ハートの空間でした。「あぁ、確かに私のハイアーセルフだ！」と確信でき、抱き合って泣きました。それ以来、毎回会えるようになり、毎回すごい愛で愛されていることが伝わってくるので、いつも涙があふれます。

また、何か課題がある時は、ガッと腕を掴まれて「行くよ！」と必要な所に連れてかれることもあり、そんな時は、「よっしゃー！」という気分になるのが不思議だなぁと思います。

ある時からすごい波動の中に入るようになりました。そこが、小さな空間でした。理由もなく自然に、しあわせすぎて涙が出るようになり、自分であって自分でなくて、ただただ満たされるという感覚がとめどもなくあふれている。そんな空間が存在することに気づきました。

最近は、普通にしている時にフッと気づくと、この空間に入っていることがあり、2つの空間に同時にいるという、不思議な体験をすることがあります。それからというもの、自分で気づかないうちに、変化してしまうという体験が始まりました。

普通に電車に乗っていても、あの小さなハートの空間の感覚がばーっと蘇るようになり、「何だかわからないけど、しあわせだ〜!」と叫びたくなるようになっちゃいました。しあわせが押し寄せてくる感じです(笑)。

何の論理もないしあわせ感なんですけど、とにかく何だかワクワクしちゃうし、なぜかみんな好き!とか感じちゃう。そんな状態で生活しています。

そして、経営していた会社が詐欺に遭い、人生初の試練を経験していた最中だったのですが、気づくと物理的にも豊かになって、経済的な悩みもいつの間にか解決！ステキな仲間が周りにいて、仕事も必要な時に必要なことができるようになっていました。

その代わり、ハートにいない時の感じもわかるようになり、知らない間にどよ〜んとしたエネルギーになっていることも。「あー、自分を大切にしてなかったかも！」と気づいて戻れる空間なんだなとも思います。

ここが本当の故郷、自分の居場所なのかなと感じます。

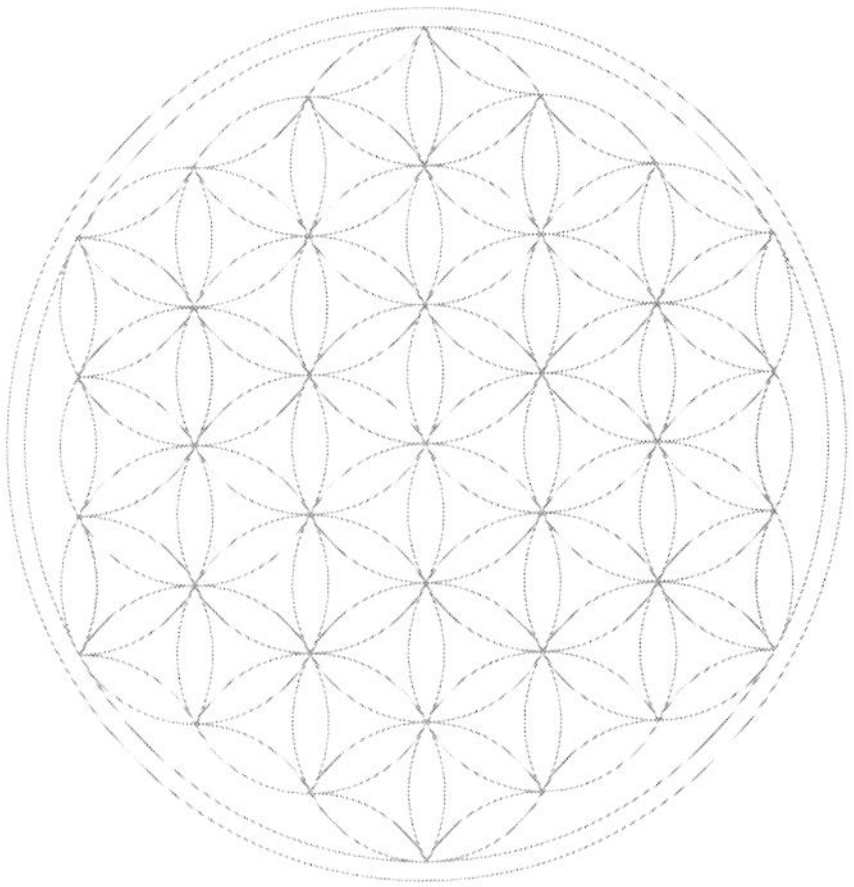

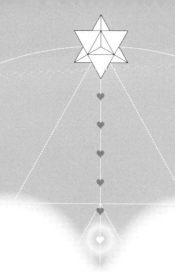

第6章

ハートと仲良しになるために

message from Sarah 1

すんなりハートに入れる日もあれば
忙しかったり
イヤなことがあったりして
ハートに入りづらい日だってあります

そんな時は
ハートへとやさしく誘《いざな》ってくれるアイテムたちに
サポートしてもらいましょう

ここでは
私を助けてくれているアイテムを紹介していきます

よかったら
これを参考にしてもらって
あなただけの
スペシャルなアイテムを見つけてもらえたら
とてもうれしいです

サラ直伝！

アイテムの力を借りて、ハートとつながろう

クリスタル

クリスタルは意識的な存在で、コミュニケーションをとることができます。

試しに、クリスタルに話しかけてみてください。

ハートのあたり、または第三の目のところにクリスタルをあてて話しかけると、クリスタルはあなたに答えてくれます。

それはテレパシーのような感じでやってきたり、あなたの気持ちを通して何かを伝えてくれたりします。

クリスタルとコミュニケーションをとることは、感覚を研ぎ澄まし、直感を磨くためのと

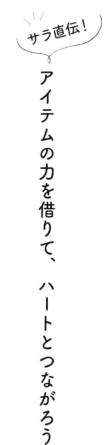

てもよい練習になります。

クリスタルとつながるときの感覚やテレパシーは、まさにハートの言語です。クリスタルは、ハートがどんな世界なのかをそっと教えてくれます。

また、クリスタルには、コンピューターにソフトやアプリを入れるようにプログラムを入れることができます。

たとえばクリスタルに、「この部屋を浄化しなさい」というプログラムを入れると、あなた、または他の誰かがそのプログラムを削除するまで、そのクリスタルは部屋の浄化をし続けます。

ハートから活性化して身体の周囲で回転するマカバは、クリスタルにとてもよく似た性質を持っています。

マカバにも、クリスタルと同じようにプログラムを入れることができます。

場所の浄化やプロテクション、温度の調節などはマカバが得意とするプログラムですし、電磁波を防御したり、お水を美味しくしたり、さまざまなプログラムを試すことができます。

違うのは、マカバはあなただけの非常にプライベートなフィールドであることです。

クリスタルには、誰でもプログラムを入れたり削除したりすることができますが、あなたのマカバには、あなたしかプログラムを入れられないし、そのプログラムを削除できるのはあなただけです。

また、クリスタルには、持っている面の数だけのプログラムしか入りませんが、マカバには無数のプログラムを入れることができます。

クリスタルに親しみ、クリスタルの性質を知ることで、マカバのことを理解しやすくなるのです。

ここで、ハートのワークに役立つクリスタルをいくつか紹介しましょう。

♥ローズクウォーツ　Rose quarts

そのやさしいピンク色は、まさにハートからあふれ出す愛の輝きです。手に取って眺めているだけでもトラウマを癒し、ハートへと導いてくれます。ずっと身につけていることで、ハートの無条件の愛へ、ハートからのセルフラブへと、そっとやさしくあなたを促します。

♥セレナイト　Selenite

次元と次元の間をつないでくれる、乳白色のクリスタルです。

このクリスタルを両手に持って瞑想することで、意識を脳からハートへと穏やかに移動させることができるようになります。

メキシコで巨大なセレナイトの洞窟が見つかって話題になりましたが、そこにはもともとと、「プラズマ・ビーイングス」と呼ばれる愛とユーモアにあふれる存在たちが住んでいました。プラズマ・ビーイングスは、人類よりも100万年ほど進化している、いまは地底に住んでいる地球存在ですが、彼らは私たちをとても深く愛していて、いまも私たちの進化のプロセスをサポートしてくれています。

プラズマ・ビーイングスも大好きなセレナイトは、ハートから高次元へと上昇していくことを力強くサポートしてくれます。

♥アポフィライト　Apophylite

セレナイトと同じように、次元間をつないでくれる石です。さまざまな色合いや形態のものがありますが、中でもクリアなものや、ピラミッド型に形成するものがオススメです。

アポフィライトを両手に持つことで、深い瞑想に入ることを助けてくれます。

※セレナイト、アポフィライトともに、水分や熱に弱いので、気をつけてくださいね。

♥アゼツライト　Azeztulite

かなり前のことになりますが、地球の意識ともっと深くつながるにはどうしたらいいのか、母なる地球自身に聞いてみたことがあります。

そのとき、地球から一言だけ「アズツライト」という声が聞こえたのです。それが何を意味しているのかわからず、調べてみたところ「アゼツライト」というクリスタルがあることを発見、さっそく買い求めたのでした。

身につけて瞑想すると、母なる地球とつながりやすくなり、言っていることやフィーリングも少しずつわかるようになっていきました。

それ以来、もっと深く母なる地球とつながりたい、愛し合いたいと感じるときは、アゼツライトを身に着けるようにしています。

いま私たちは、地球と一緒にハートからアセンションしていくところですが、アゼツライトは、それを力強くサポートをしてくれるクリスタルです。

私が持っているのは乳白色のアゼツライトですが、他にもさまざまな色があるようですから、あなたのお気に入りを見つけてみてください。

♥「ピピッとくる」クリスタル

じつは、これがあなたにとって一番大切なクリスタルなのです。

アメジストであれ、レムリアンシードであれ、ハーキマーダイアモンドであれ、はたまた森で見つけたひとつの石ころでさえ、あなたのハートや直感のアンテナにピピッと来るのなら、それはあなたに話しかけてきています。

クリスタルの声を聞いてみてください。最初は何を言っているのかわからなくても大丈夫です。つながろうとする意識や気持ちさえあれば、少しずつコミュニケーションをとることができるようになります。

クリスタルとつながることで、ハートとつながり、ハートにとどまるコツを学ぶことができますよ。

エッセンシャルオイル

香りは、感覚や感情に、繊細でダイレクトな影響を与えます。

意識的に香りを用いることは、頼もしいサポートとなってくれます。

植物はそれぞれ独自の意識を持っていて、私たちを助けることに無上の喜びを感じていますから、植物から抽出された香りの成分であるエッセンシャルオイルは、使い方によって大きな効果をもたらしてくれます。

ラベンダーやローズ、サンダルウッドなどはよく知られていますが、ここでは私が気に入ってよく使っているオイルをいくつか紹介しましょう。

♥グアイアックウッド　Guaiacwood

「ガジャクウッド」「グアヤクウッド」とも呼ばれる、不安やストレスを和らげリラックスを促すオイルです。

森林火災が起きて燃え尽きたあとで、最初に生えてくるのがこのグアイアックウッドなのだそうです。それだけ強い生命力と癒しの力を持っているのでしょう。

初めてこの香りを嗅いだとき、極上のサウナに入ったような気分になりました。瞑想に

入る前や、気持ちが落ち着かない時などに用いると、とても効果的です。

♥ファーニードル　Fir Needle

ファーはモミの木、ニードルは針のような葉、という意味ですが、モミの木を含むマツ科の樹木は、みんな針のような葉を持っていますね。

マツ科の樹木から抽出したさまざまなオイルがありますが、いま私が使っているのは、「シベリアンシルバー」という種類です。

このオイルは、眠かったり、ボーッとしてしまって瞑想に入りづらい時などに用いると、とたんにシャキッとします。それと同時に、落ち着きと陽気さをもたらしてくれるオイルです。

♥フランキンセンス　Frankincense

イエス・キリストも用いていたといわれているエッセンシャルオイルです。

呼吸器系に働きかけるフランキンセンスは、瞑想時に大いに役に立ってくれます。

特に、呼吸が浅いと感じる時に使うと効果的です。呼吸を落ち着かせ、リズムのよい深い呼吸へと入っていくことは瞑想への第一歩ですから、フランキンセンスはかかせないアイテムとなっています。

❤マグワート　Mugwort

マグワートは日本語に訳すと「ヨモギ」ですが、西洋ヨモギのマグワートは、ヨモギとは違う香りです。

このオイルは、朝起きたときに見た夢を忘れずに覚えていることを助けてくれます。ハートのイメージと夢の世界は密接につながっているため、夢を覚えていることはハートの世界に深く入っていくことに役立つのです。

乾燥させたマグワートを枕の下に入れて寝るとよいといわれていますが、枕元にマグワートオイルの香り袋を置くことでも、同じように効果があるようです。

❤ヒソップ　Hyssop

ヒソップは、一言でいうと「ゆるしのオイル」です。誰かをゆるせないという気持ちになっているとき、このオイルがゆるす方向へと優しく促してくれます。

誰かをゆるせないというのは、じつは自分自身のことをゆるしていない状態です。その状態でハートに入るのは、かなりむずかしいことです。

ヒソップは、他の人も自分自身もゆるし、ハートからのセルフラブへと向かうことをそっと助けてくれます。

※ここに紹介したオイルに限らず、成分が濃縮されているエッセンシャルオイルには、いくつか禁忌事項があります。禁忌事項は使うオイルによって違いますので、よく調べた上で自己責任にてお使いください。

サウンド&ミュージック

「宇宙は波動でできている」ということからすると、人間を含む物質もすべて波動であるといえます。

純粋に波動であるサウンドや音楽は、やはり波動である私たちに驚くほど素早く影響を与えることができます。

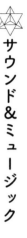

ソルフェジオ音階が人間にもたらす効果について、最近はよく知られるようになってきましたが、その中でも特に528Hz（ヘルツ）という周波数に注目が集まっています。この周波数が「DNAを修復する力を持っている」ことに、遺伝子学者の人たちも言及しています。

実際に528Hzのチューニングフォーク（音叉）を身体の周りで鳴らしてみると、自分の

身体やエネルギーフィールドが心地よく癒されていくのがわかります。528Hzを用いることで、身体やエネルギーフィールドのバランスが取れて、集中しやすくなるのです。

ちなみに、本書の特典として制作した誘導瞑想のバックに流れているサウンドも、528Hzを使っています。

音楽は、最もダイレクトに人間の感情に働きかけるもののひとつかもしれません。

日本語には「心の琴線に触れる」という素敵な言葉がありますが、ぴたっとはまった時に音楽は、まさにハートのストリングスをかき鳴らし、感動を呼び起こしてくれます。

ハートに響き、ハートを震わせてくれる音楽は、人によってそれぞれ違います。あなたに感動をもたらしてくれる音楽はどんなものですか？

ぜひ、あなたのハートの扉をノックしてくれる音楽を見つけて、ハートへの旅に役立ててくださいね。

ドルフィンに逢いに行こう

「クリスタルとドルフィンは、人間にとって一番の教師です」と、ドランヴァロは言います。

ドルフィンたちと一緒に泳いでみると、ハートがぱかっと開いて子どものような気持ちになり、理由もなく笑いっぱなしになったりします。そういう人を何人も見てきましたし、ミラクルのような癒しが起きた話をいくつも耳にしています。

ドルフィンたちは人類の創生にかかわり、いまもシリウスと行き来している存在たち、というのが私の理解ですが、彼らにまつわる不思議な話はほんとうにたくさんあります。

私はいつも、ドルフィンスイムを体験してみることを勧めています。

ハートが大きく開いて、生まれたての赤ちゃんのような「何もない」状態、ハートからつぶらな瞳でただ世界を見ているような自分自身を味わえるかもしれませんよ。

自然に親しむ

それが海であれ、川であれ、森であれ、草原であれ、自然は地球そのものです。

「ユニティブレス瞑想」で母なる地球と愛でつながるだけでなく、自然の中へと出かけていって物理的にもつながることで、地球の無条件の愛を体感することができます。

素足や素手で土や木々に触れると、体内に帯電していたプラスイオンが瞬時に放電され、替わりに新鮮なマイナスイオンが入ってきますから、身体を健康な状態に保つことができます。

それが晴れた日なら、父なる太陽からの恵みも同時に受けることができて、「父・母・子どもであるあなた」の愛の三位一体のバイブレーションを、五感をもって体感することがで

きます。

この愛のバイブレーションは、ハートのバイブレーションにとても近いものです。

自然に親しむことで、あなたはとてもハートに入りやすくなるでしょう。

エピローグ

私がハートの瞑想に出逢い、実践し、ある日ハートに還りついたことを実感した時から、長い年月が流れました。けれども、その時の衝撃はいまも鮮明に私の中に残っています。

その体験は、私の人生を永遠に変えてしまいました。

いま思えば、瞑想初心者だった私は、ハートの中で自分というスピリットの芯にほんのちょっと触れただけだったのかもしれません。それなのに、まるで核融合が起きたかのように火花が飛び散り、言葉を超えた部分で、宇宙と自分とのつながりを一瞬にして理解してしまったような感覚になったのです。

その後、ハートの中にいる時間が少しずつ長くなっていき、それとシンクロするように3次元リアリティで起きてくることが大きく変化していきました。

ハートから生きていると、自分自身のブループリントに沿ったことが、考えるよりも早く自然に起きてきて、人生がすんなりとスピリット本来の軌道へと戻っていきます。

私にハートから生きることを教えてくれたのは、メンターであるドランヴァロ・メルキゼデク[※]ですが、いまでは、ドランヴァロが創ったＡＴＩＨワークショップを日本で広める活動をしています。

※ドランヴァロとは、いままさにアセンション（次元上昇）を迎えようとしている地球と人類をサポートするために、メルキゼデク意識からこの3次元へと降りてきた存在です。人生の途中で魂が肉体を去り、新たな魂がその肉体に入ることを「ウォークイン」といいますが、ドランヴァロはある地球人男性と魂同士の約束のもと、ウォークインしてこの地球に降り立ちました。
私たちが忘れてしまっている宇宙との愛のつながりを、人生をかけて「神聖幾何学」という言語を使って教え、思い出すことを助けてくれています。

このワークショップに参加してハートの瞑想を体験し、実践することで、本来のスピリットとしての自分自身を生きはじめた人をたくさん見てきています。

ハートから生きること、それは本来のスピリットとして生きることだけにとどまらず、この世界をハートから素晴らしいものへと創造していくプロセスでもあります。

一人でも多くの人に、ハートに意識＝スピリットが帰還するよろこびを味わってもらえたら。ハートの聖なる空間で、美しく輝くスピリットである本来の自分自身を思い出してもらえたら……。

そんな願いが叶い、本書を出版させていただくことになりました。

この一冊をハートへの帰り道のナビゲーションとして用いていただけたら、こんなにうれしいことはありません。

出版を快諾してくださったビオ・マガジンの西宏祐社長、一緒に企画を考えてくださった『アネモネ』中田真理亜編集長、なかなか上がってこない原稿を辛抱強く待ち、素晴らしい編集で形にしてくれた澤田美希さん、ハートフルなデザインとイラストで盛り立ててくださった藤井由美子さん、瞑想の録音でお世話になったＳＯＬ３湘南の宮川拓さんと木村兼梧さん、ビオ・マガジン編集部のみなさまに、この場を借りて深く感謝を捧げます。

清らかな冬の朝に、東京の自宅にて　　横河サラ

付録 誘導瞑想

ユニティブレス瞑想
ハートに入る瞑想

ユニティブレス瞑想

居心地のいい場所をみつけて、ゆったりとリラックスして座りましょう。
目を閉じて、自分の内側を感じながら、深い呼吸をしていきます。

あなたにとって、地球ってどんな存在ですか?
いま、ハートのあたりに意識をおいて、地球をイメージしてみてください。
地球は、あなたのことをよく知っています。
あなたの名前も知っています。

そして、お母さんのように、あなたをこよなく愛しています。

いま、あなたが一番大好きな、地球の自然を思い浮かべてみてください。
最初に浮かんだそのイメージ、その風景です。
それは、どんな場所ですか？

深く呼吸をしながら、子どものような無邪気な気持ちになって、
その風景の中に身体ごと入っていきましょう。

あなたはいま、大好きな自然の中にいます。
五感を使って、その場所を味わってみましょう。

いま、どんな景色が見えていますか？
耳に聴こえてくるのは、どんな音でしょう？
そこには、何か香りが漂っていますか？
肌に触れてくるのは、どんな感触でしょう？

その場所の、新鮮な空気を深く吸い込んでみましょう。
大好きな自然の空気を吸って、深呼吸していきます。

いま、あなたはどんな気持ちになっていますか？

「ああ、気持ちいいな～」
「こういうところに来たかったんだよね」

「もう、ずっとここにいたいな」

そんな気持ちが湧き上がってきたら、その気持ちを少しずつ高めていきます。

「こういう場所、大好き」
「ありがたいな」
「もう、愛しているんだ」

こんな愛や感謝の気持ちがあふれてきたら、
それをいま、
あなたがいる場所全体に広げていきましょう。
満たしていきましょう。

あふれ出た愛と感謝のバイブレーションを、
そのまま地球全体に広げて、地球を覆っていきます。
地球が、愛と感謝ですっぽりと覆われているのを
イメージの中で、見たり、感じたりしてください。

さて、いま、あなたの手のひらの上には、
キラキラと輝く小さな光のボールが乗っています。
この小さな光のボールの中に、地球への愛と感謝をぎゅっと詰め込んで、
地球の中心へと送りましょう。

光のボールが地球の意識に届くと、地球は、

必ずあなたに、愛を返してくれます。

地球から愛が返ってきたら、
あなたと地球の間に流れている愛を感じてみてください。

母なる地球と愛でつながったまま、今度は太陽に意識を向けてみましょう。

あなたにとって、太陽って、どんな存在ですか？
いま、空に輝く太陽をイメージしてみてください。

生命《いのち》のエネルギーと、滋養を、

惜しみなく与えてくれる太陽は、
いわば、お父さんのような存在かもしれません。

「いのちのエネルギーを、滋養を、ありがとう」
「いつも愛してくれて、ありがとう」
「私も、いつも愛しているよ」

あなたの中から、太陽への愛と感謝があふれ出てきたら、
その気持ちを、大空いっぱいに広げていきましょう。
満たしていきましょう。

さて、いま、あなたの手のひらの上には、

キラキラと輝く小さな光のボールが乗っています。
大空いっぱいに広げた愛と感謝を、この小さな光のボールにぎゅっと詰め込んで、
太陽の中心へと送りましょう。

光のボールが太陽の意識に届くと、太陽は必ず、
あなたに愛を返してくれます。

太陽から愛が返ってきたら、
あなたと太陽の間に流れている愛を感じましょう。

いまあなたは、地球とあなたの間に流れている愛、

太陽とあなたの間に流れている愛、
このふたつの愛の流れの真ん中にいます。

さあ、今度は、あなた自身に意識を向けてみましょう。
あなたは、果てしなく広がる宇宙の中で、素晴らしく輝いている、
広大なスピリットです。
そんなスピリットであるあなたが、
ここで、こんなに小さな肉体をまとって、毎日がんばっています。
いま、自分自身に、愛と感謝の気持ちを感じてみましょう。

「いつも、ご苦労さん」
「お疲れさま」
「ほんとうにありがとう」
「ずっと、ずっと、愛しているよ」

こんな気持ちがあふれ出てきたら、イメージの中で、自分の前に鏡を置いて、
そこに自分自身を映し出してみてください。
鏡に映ったあなたは、どんなふうに見えていますか？

愛と感謝の気持ちを、花束を差し出すように、
鏡の中の自分自身に差し出してください。

そうすると、鏡の中のあなたは、必ずそれを受け取ってくれます。

今度は、あなたが鏡の中に入っていって、
鏡の中のあなた自身を強く抱きしめましょう。

強く、つよ～く抱きしめながら、
鏡の中のあなた自身とひとつになります。

いま、あなたは、
地球、太陽、そして自分自身と、愛でつながっています。

ここに、愛の三位一体、愛のハーモニーが生まれ出ています。

五感や感覚、感情を使って、
このバイブレーションをあなたの内側に、あなたの周りに感じてみてください。
このバイブレーションに深く浸ってください。

ハートに入る瞑想

居心地のいい場所をみつけて、ゆったりとリラックスして、座りましょう。
目を閉じて、地球、太陽、自分自身の愛のバイブレーションを感じながら、
深い呼吸をしていきます。

いまから、身体の中を移動して、心臓へと入っていきます。
子どものような、無邪気な気持ちで、楽しんでみてください。

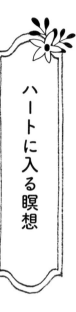

まずは、自分の頭の真ん中に、ぽんっと入ります。
そうすると、あなたはもう、いま座っている場所ではなくて、
自分自身の頭蓋骨の中にいます。

頭の真ん中から、五感を使って、自分の頭蓋骨の内側を感じてみましょう。
自分の頭の中、どんなふうに見えますか？
何か音は聴こえていますか？
どんな感触がきていますか？
ぐる～っと３６０度回って、頭の中を見渡してみてください。
そして、元の位置に戻ったところで、止まりましょう。

さあ、そこから身体の内側を通って、喉まで降りていきます。
喉の真ん中に入って、そこから、五感を使って、
自分自身の喉を感じてみてください。
見えるもの、聴こえる音、感触……
頭蓋骨の中とは、どんなふうに違いますか？

さあ、今度は、喉から、もっと下へと降りていきましょう。
胸の少しだけ左側にある、心臓の裏側へと、身体の中を降りていきます。
心臓の裏側に着いたら、そこから自分の心臓を見て、感じてみてください。

あなたの心臓は、あなたが、お母さんのおなかの中で、

鼓動を打ちはじめたその瞬間から、いまこの瞬間まで、
一度も止まることなく鼓動を打ち続けています。
あなたが、起きているときも、寝ているときも、
ただ黙って鼓動を打ち続けて、
このリアリティを体験することを可能にしてくれています。

身体の臓器や細胞は、みんな意識を持っていますから、
話しかけると、必ず何らかのかたちで応えを返してくれます。

いま、心臓にそっと話しかけてみてください。
言葉ではないかもしれないけど、心臓は必ず、応えてくれます。

心臓の裏側には、あなたにはわかる、心臓への入り口があります。

「ここが、その入り口かな?」と感じたら、
そこからそっと、心臓の中に入ってみましょう。

中に入ったら、心臓の中のバイブレーションを感じてみてください。

ゆっくりと、味わってみてください。

五感で感じるもの、見えてくるイメージ、感覚や感情にくるのは、
どんなものでしょうか?
もし、真っ暗で、何も見えなかったら、

「光をください」とお願いしてみましょう。
光がやってきて、イメージが見えてくるかもしれません。
もし光がやってこなくても、何も問題はありません。

心臓の裏側にある入り口から入ると、
そこはすでに「ハートの聖なる空間」と呼ばれる場所であることが
とても多いです。

ハートの中の聖なる空間は、
あなたがスピリットとしてこの宇宙に誕生したその瞬間から、
いまこの瞬間までのすべての記憶が宿っている場所、

あなたのパーソナルな、アカシックレコードが、
すべて入っている場所です。

聖なる空間に入っている。
そんな感じがしたら、それがどんな場所なのか、
ゆっくりと体験して、味わっていきましょう。

もし、まだ、聖なる空間に入っていないなと感じても、大丈夫です。
あなたは、もうすでに聖なる空間にとても近い場所にいます。
あなたの意図のちからを使って、その空間へと導かれていってください。

聖なる空間の中で、どんな感情があふれ出し、どんな気持ちになっていくのか、
そこに注目してみましょう。
なぜかこの場所を知っている、なぜかなつかしい、うれしい、楽しい、安心…
そんな気持ちになったら、あなたはもう、聖なる空間の中にいます。
感情や気持ち、フィーリング。
それは、ハートの言語です。

それらを使って、ゆっくりと、聖なる空間を味わっていきましょう。

聖なる空間の、そのまた中に、
「小さな空間」と呼ばれる場所があります。

じゅうぶんに「聖なる空間」を味わったら、
今度は、「小さな空間」に入ってみましょう。
意図のちからを使って、小さな空間へと導かれていってください。

それは、宇宙で一番小さくて、同時に、宇宙で一番大きな空間です。

私たちは、ハートの中に、ひとつずつ小さな空間を持っていますが、
小さな空間は、宇宙にたったひとつしかありません。

しかも、小さな空間の中では、すべてがつながっています。

ここでは、聖なる空間より、
1オクターヴほど、高いバイブレーションを感じるかもしれません。
小さな空間をゆっくりと体験して、味わっていきましょう。

小さな空間は、創造主とダイレクトにつながっている場所です。

ここで、あなたは、創造主とまったく同じように、
何もないところから、どんなものでも創造することができます。

すべてがつながっているので、ここでは、
あなたにとっても、他の誰にとっても、よいことしか、創造できません。

さあ、いま、あなたのハートの願いを、
夢をみるようにイメージしてみましょう。

その夢が、すでに実現しているときの気持ち、感情、感覚を
生き生きと味わってみてください。

じゅうぶんに夢を味わったら、そのバイブレーションを持ったまま、
ゆっくりと、意識を身体のほうに戻していきましょう。

読者限定特典!!

付録のCD音源を
スマホやPC(タブレット)でも！

LINE公式アカウント**「アネモネルーム」**を友だち登録すれば、付録CDに収録した横河サラさんオリジナル誘導瞑想の音源を、スマホやPCでもお楽しみいただけます。

手順

①以下のQRコードを読み取り、LINE公式アカウント「アネモネルーム」を友だち登録する

②メッセージが届いたら左下のボタンを押して入力画面を開き、「ハートナビ」と入力する(友だち登録済の方は、アネモネルームのトーク画面で「ハートナビ」と入力してください)

③動画サイトへのご案内が届いたら、「ユニティブレス瞑想」または「ハートに入る瞑想」を選んで、クリック！

④画面が動画サイト「Vimeo」に切り替わったら、以下のパスワードを入力する

「ユニティブレス瞑想」 u52487
「ハートに入る瞑想」 h67524

登録はこちら!

LINE @783nivsw

ヴォイス＆サウンド……………………by 横河サラ
レコーディング＆サウンドデザイン…by SOL 3湘南

横河サラ（よこかわ さら）

スピリチュアル・ファシリテーター、ミュージシャン、リサーチャー
ドランヴァロ・メルキゼデクのスクール・オブ・リメンバリング公認ティーチャー

幼年期より音楽に親しみ、音楽とともに育つ。

ピアニスト／キーボーディスト、ヴォーカリスト、コンポーザーとして、多数のスタジオワーク、ツアーに参加。

2007年、ドランヴァロ・メルキゼデクの教えに出逢い、本格的なスピリチュアルな探究が始まる。

その他、トム・ケニオンのサウンド・ヒーリングや、キャサリン・シェインバーグのイメージワークなどから学んだことをベースに、スピリチュアル勉強会やセミナー、ミュージック＆ダンス・イベント等を開催している。

ここ数年はディスクロージャー・リサーチャーとしての活動も多く、劇的に変わりゆく世界の状況を見据えながらスピリチュアリティと統合させるべく、探究を続けている。

訳書『あなたはすべての答えを知っている』（ジェニファー・ポサダ著／徳間書店）
著書『ダイヴ！ into ディスクロージャー』『ダイヴ！ into アセンション』（ともにヒカルランド）

ウェブサイト http://sarahyokokawa.com

人生の万能薬
ハート・ナビ

2021年2月14日　第一版　第一刷

著　者　　横河サラ

発行人　　西 宏祐
発行所　　株式会社 ビオ・マガジン
〒141-0031 東京都品川区西五反田 8-11-21
五反田 TR ビル 1F
TEL：03-5436-9204　FAX：03-5436-9209
http://biomagazine.co.jp/

編　集　　澤田美希
中田真理亜
デザイン& DTP &イラスト　藤井由美子

印刷・製本　　株式会社シナノパブリッシングプレス

ISBN978-4-86588-092-2 C0011